学校の「当たり前」をやめた。

生徒も教師も変わる！
公立名門中学校長の改革

はじめに

思い起こす風景があります。

山形で教員をしていた新任の頃、子どもたちと学校の裏山に出て、思う存分、風や草の匂いを感じながら、駆け抜けて、寝転がり、青空を見上げました。

何もない爽快な時間。とても素敵な時間だったと思います。

今から考えれば、それは、教員になりたてで、生意気だった頃。その若気の至りであり、先輩の先生方から見たら、「子どもたちと何をやっているんだ」と怒られるようなことだったかもしれません。

でも、そのときの充実感と開放感、子どもたちの笑顔を、今でも時々思い出します。

現在、私は、千代田区立麹町中学校の校長を務めており、今年で5年目となります。

麹町中は、多くの日本の中学校から見れば、少し「特殊」な学校です。

皇居に近く、学区内には国会議事堂や最高裁判所、首相官邸、衆議院、参議院の議員会館などもあります。今でこそ、地元の生徒が通う学校ですが、かつては、学区外の全都から越境入学した生徒が半数以上を占めていて、「番町小→麹町中→日比谷高→東京大学」

といった名門校の一つに数えられたこともありました。日比谷高校が東京大学への合格者を毎年200人近く出していた時代、麹町中は、その日比谷高校へ毎年50人以上も進学させる超進学校でもありました。卒業生には、錚々《そうそう》たる方々がいます。学校の施設・設備も相当なものです。見学に来られた方々がため息をつくような素晴らしいホールなどもあります。たくさんの外部指導員の支援を得る予算も十分にあります。

でも、だからといって、麹町中で取り組んでいることのすべてが、この場所、この施設・設備がなければできないということではありません。

注目されている取り組みの中には、「服装頭髪指導を行わない」「宿題を出さない」「中間・期末テストの全廃」「固定担任制の廃止」などがありますが、初めて聞く方は、おそらくびっくりされると思います。

その他、現在進行中の麹町中学校の取り組みも、学校関係者の中には、「認めたくない」という方がいるかもしれません。

しかし、これらは、昨日や今日、思いついたことではありません。山形で教員を始め、その後、東京都の教員となり、目黒区、東京都、新宿区の教育委員会で指導主事や管理職として経験してきた中で、ずっと考え続けてきたことです。

「目的と手段を取り違えない」

「上位目標を忘れない」

「自律のための教育を大切にする」

こうしたいくつかの基本的な考え方を大切にして、多くの学校で「当たり前」とされてきたことについて、見直しを続けてきました。それはある意味、私にとっても、自分自身の教師としての習慣や考え方をそぎ取る作業でもありました。

本書は日々、愛情を持って子どもたちと接し、指導をしている先生方の熱意を踏みにじることになるかもしれません。また、新学習指導要領の理念を具現化しようとしている教育行政関係者を否定しているように感じられるかもしれません。真意はそこにありませんが、その点はどうか承知の上、読み進めていただきたいと思います。

目的と手段――学校は何のためにあるのか

今、日本の学校で行われている教育活動の多くは、学校が担うべき、「本来の目的」を見失っているように感じます。加えて、その事実に多くの教育関係者が気付いていないことに驚きます。

多くの学校では日々宿題が出され、生徒たちは定期考査に向けて、学習に励んでいます。教師は学習指導要領に基づき、一人ひとりの学力を伸ばそうと、手厚い指導を行っています。教室には「みんな仲良く」などの目標が掲げられ、学級担任の指導の下、「和」を重んじた学級経営が行われています。

日本中どこでも見られる光景ですし、私もかつてはこういうことを目指していました。

しかし、私はこれら当たり前に見えることでさえ、本当に意味があるのだろうかと考えるようになったのです。

学校は何のためにあるのか――。

学校は子どもたちが、「社会の中でよりよく生きていけるようにする」ためにあると私は考えます。

そのためには、子どもたちには「自ら考え、自ら判断し、自ら決定し、自ら行動する資質」すなわち「自律」する力を身に付けさせていく必要があります。

社会がますます目まぐるしく変化する今だからこそ、私はこの「教育の原点」に立ち返らないといけないと考えています。

学校をリ・デザインする

今、日本の学校は自律を育むことと、真逆のことをしてしまっているように感じます。

手取り足取り丁寧に教え、壁に当たればすぐに手を差しのべる。けんかや対立が起きれば、担任が仲裁に入り、仲直りまで仲介する。そうして手厚く育てられた子どもたちは、自ら考え、判断、決定、行動できず、「自律」できないまま、大人になっていきます。

そして、大人になってからも、何か壁にぶつかると「会社が悪い」「国が悪い」と誰かのせいにしてしまうのです。

将来に夢や希望を持てない子どもが多いという調査結果があります。理想と現実のギャップに嘆き、自暴自棄になっている若者もいます。景気が良いと言われていますが、雇用は不安定で、労働生産性は低く、経済的格差も広がっています。

そうした状況を招いていることの一因に、学校教育の根本的な問題があると私は考えています。学校は、人が「社会の中でよりよく生きていけるようにする」という本来の目的を見失い、そこで行われている教育活動と実社会との間に乖離が起きているのです。

なぜ、そのようになってしまうのでしょうか。

一言で表せば、「手段が目的化」してしまっているからだと私は思います。

例えば、国が示す学習指導要領は、大綱的基準にすぎないのですが、多くの教員はこれを「絶対的基準」と考えがちです。その実、学習指導要領を読み込んでいるわけでもなく、教科書に従って授業をしている教員が大半のように感じます。

つまり、子どもたちに必要な力を付けるための「手段」であるはずの学習指導要領や教科書が、「目的」となり、消化してこなす対象となってしまっているのです。

このような「手段の目的化」は、学校の至るところで見られます。服装指導などはその典型で、「何のために」という目的もよく考えられないまま、多くの教員が続けています。しかし、そもそも、こうした「規則」は教師がそれほど一生懸命になって守らせる必要があるものなのでしょうか。教育の優先順位から考えて、上位に位置付けられるものなのでしょうか。

目的と手段を見直し、学校をリ・デザインする——そんな思いで、私はこの5年間、学校づくりを進めてきました。一見、画期的と思われる、宿題や定期考査の全廃も、長い教員経験の中で「目的」の本質を見極め、適切な「手段」を考え抜いてきた結果にすぎないと思っています。

読者の中には、「そんなことが可能なのか」と思う方もいるでしょう。実際、学校教育は多くの法令等で規定され、廃止することができない部分もあります。しかし、大半の部分は、法令よりも「慣例」によって動いているだけです。校長が覚悟を持って、自らの学校が置かれた立場で何が必要かを真剣に考え抜くことができれば、いくらでも工夫できるものです。

多くの学校関係者が、そうした視点で日々の教育活動に当たれば、学校が変わり、ひいては社会も変わっていく可能性があると私は本気で思っています。

最適な「手段」をどう構築していくか

大切なのは、固定概念にとらわれず、上位の「目的」を見据えながら、最適な「手段」を見つけ出すことです。批判を恐れずに言えば、学校という存在自体も「手段」の一つにすぎず、「目的」ではありません。

私が麹町中学校の校長に赴任して2年目、ある生徒が一人で校長室を訪ねてきました。プロの囲碁棋士を目指している男子生徒で、「どうした」と声を掛けると、やや浮かない表情で、あと一歩のところでプロ入りの壁に阻まれている現状を語り始めました。普段、そんなふうに語ることがない生徒だったので、少し驚きながら話を聞きました。彼によると、同年代のライバルの中には学校を休んで特訓している子もいると言います。しかし、彼自身の口から、「自分も学校を休みたい」との言葉は出てきません。私は、彼自身に迷いがあるのだろうと思い、こう彼に伝えました。

「学校は『来ること』が目的じゃない。大人になること、社会に出ることの方がもっと大事だよ。君が囲碁の世界で生きていきたいと本気で思うなら、別に学校に来なくたって構わない。後悔だけはしないようにね」

まさか校長から「学校に来なくても構わない」と言われるとは思ってもいなかったのか、彼は驚いた様子でした。私は、卓球の福原愛選手の話なども持ち出しながら、学校に来ることだけがすべてではないと伝え、よく考えてみるように言いました。

3日後、彼は再び校長室へやって来て「学校を休むことにしました」と言いました。

その後、その生徒は約1年間学校を休み、中国への武者修行などを行い、やるだけのことをやりきって、中3の3学期に学校へ戻ってきました。残念ながら、中学生のうちにプロになることはできませんでしたが、休学中も勉強は怠らなかったことから、卒業後は都内の公立高校へ進学しました。

そして、高1の春に晴れてプロ入りを果たしたのです。卒業後、私の所へ報告に来たその表情は実に晴れやかで、自律した大人の姿であったと思います。とてもうれしかった出来事です。

あなたには「あなたのできること」がある

現在、進行中の麹町中の取り組みは、「麹町中だからできる」と言われるかもしれません。しかし、全国、どこの学校でも取り組めること、取り組むべきことがたくさんあり、それはあなたの学校でも必ずできることです。

私自身も何ら特別な人間ではありません。民間企業の経験もありません。大学時代のアルバイトは家庭教師が中心で、その他、測量会社の事務などしか経験はありません。ちょっと変わったものでも、1週間程度、徹夜で建設現場の手伝いをした程度です。先ほど、少し触れた通り、中学校の数学科教員として山形県で採用され、その後、採用試験を受け直して東京都の教員となり、ずっと教育の現場で生きてきました。

最近は「民間人校長」と勘違いされることもあり、少し残念だったり、少しは進んだことをしていると見られているのかなと思ったりしています。

「民間人校長ですか」と言われるたびに、思うことがあります。

100年も時計を戻す必要はありませんが、かつての学校は、時代の最先端にあり、教員もまた、社会の変化に最も敏感な人たちであったと思うのです。

中には、教員から民間に移って活躍する人もいたでしょうし、逆に、民間から教員になる人もたくさんいたはずです。また、教員の多くは教えるプロとして人材育成に長けて、子どもたちと共に、「組織」について考え、人を動かすことの難しさもよく知っている存在であったと思います。

教師は、人材育成のプロであるはずです。そうでなければいけません。「民間人校長ですか」という言葉は、私にとって決してうれしい言葉ではありません。

本書の構成は、第1章が、定期考査や固定担任制、宿題の見直しといった麹町中の改革で、一般的な関心を引いてきた事例を紹介し、第2章でその考え方の基本を説明します。第3章と第4章では、現在進められている麹町中での取り組みを紹介し、第5章で私が思い描く学校の未来について説明します。読者の皆さんの関心のあるところから読んでいただければと思います。

学校が変われば、社会は必ず変わります。
これから未来を見通すことが難しい時代に、学校はどうあるべきか。
その考えを、本書にまとめました。ぜひご感想をお聞かせいただけますと幸いです。

工藤勇一・千代田区立麹町中学校長

◉目次

第4章

第1章

目的と手段の観点からスクラップ（見直し）する

2013年4月、麹町中学校の校長として赴任した私が、最初に着手したのは、「目的」と「手段」の観点から教育活動を見直すことであった。本章では、私が校長として実施してきた宿題・定期テストの全廃や固定担任制の廃止などについて、その狙いやプロセスを紹介していく。

1 宿題——ただ「こなす」だけになっていませんか

全国津々浦々、どの学校でも宿題が出されています。その目的は何かと問われれば、多くの学校関係者や保護者は、「子どもの学力を高めること」「学習習慣を付けること」と答えると思います。

しかし、本当にその目的は達成されているのでしょうか。

自宅で宿題に取り組む子どもたちの実態を思い浮かべてみましょう。

例えば、数学の計算問題が20問出されていたとします。勉強がよくできる子は、すでに解ける問題から、あっという間に片づけてしまうでしょう。一方で、苦手な子や分からない子は、解ける問題だけを解き、解けない問題はそのままにして翌日、提出することが多いのです。

自ら学習に向かう力を付けて、学力を高めていくには、自分が「分からない」問題を「分かる」ようにするプロセスが必要ですが、多くの宿題においては、そのことが欠けています。すでに分かっている生徒にとっては、宿題は無駄な作業で、分からない生徒にとっては重荷になっているように思います。宿題を出すのであれば教師は、「分からないところをやっておいで」と声掛けしなければいけないはずです。

「分からない」ことが「分かる」ようになるためには、２つの作業が必要です。

一つは分からないことを聞いたり、調べたりすること。２つ目は繰り返すことで定着させることです。この定着させる方法については、さまざまなものがあります。書き写したり、読んだり、集中して聞いたり、何かと何かを関連付けて覚えたりなどの方法がありますが、何より大切なことは、自分の特性に合った方法を見つけることです。そして、その適した繰り返しの方法こそが、その人の生涯を支えるスキルとなっていくのです。

小学生の頃、「漢字の書き取りテストで間違えたら、１文字につき20回書いて提出すること」などと宿題を出され、一つひとつ、漢字を確認するのではなく、「作業」を早く終わらせるべく、「へん」だけを先に20個書き、その後に「つくり」を20個埋めていくなんて「作業」をした人もいるでしょう。そのとき、「作業」を淡々とこなす際の脳は、ほぼ思考停止状態で、早く終わればいいなと、「やらされている」気持ちで一杯になっていたのではないでしょうか。

以前、将棋棋士の藤井聡太７段が、担任教員に「授業をきちんと聞いているのに、なぜ宿題をやる必要があるのですか?」と聞いたことが、話題になりました。その後、担任が宿題の意義を説明し、藤井7段は納得して宿題を出すようになったそうですが、彼の主張はとても的を射ているように思います。

日々、将棋の世界で自らの技能を磨き、追求し続けている彼はすでに十分に自律した人です。自分が何をすべきかという優先順位が分かっている彼にとって、その宿題に費やす時間がもったいなかったのだと思います。

これも以前、伺った話ですが、フィンランドでは、教員も子どもも「Ｍｉｋｓｉ(なぜ)?」という言葉が口癖になっているそうです。疑問に思ったことはすぐに口に出し、互いが対話をしながら、もし、不合理な状況があれば解決・改善しようとする。そうした習慣が身に付いているからこそ、改善が進み、労働生産性が高まるのではないでしょうか。

私が麹町中学校の校長に赴任した当時、宿題のあまりの多さに驚きました。ただし、これは多くの中学校でも同じです。生徒たちは宿題をこなすことに汲々《きゅうきゅう》としていて、かわいそうなほどでした。かねてから宿題の存在意義に疑問を持っていた私は、赴任2年目に、まず、夏休みの宿題をゼロにする方針を打ち出しました。

その後、段階的に宿題をなくしていき、4年目を迎える頃に「全廃」に踏み切りました。

当初、私が宿題全廃の方針を示したことに、一部には疑問を持ち、抵抗感を示す教員もいました。当然のことだと思います。

私はこう説明しました。

「批判や誤解を恐れずに言えば、教員が宿題を出すのは子どもたちの『関心・意欲・態度』を測り、評価（通知表）の資料とするためではないですか。もっと私たちは専門性を発揮しないといけない」と。

この問題の背景には、一つの流れがあります。学校関係者以外には、あまり知られていないかもしれませんが、そもそも「評価」が、かつての相対評価から絶対評価へと変わっており、その中で、「関心・意欲・態度」という観点別評価を行うようになっています。

通知表には、学習の理解度・到達度だけでなく、学習に対する「関心・意欲・態度」が示されています。この「関心・意欲・態度」は、目に見えない尺度だけに、評価するのが難しいものです。そのため、宿題の提出量や、授業中の挙手回数などをカウントし、それを評価に活用していることは珍しくありません。

本来であれば、そうした数字に頼らず、子どもの成長や可能性を読み取るのが、専門職たる教員の役割です。

学校で宿題を出されて子どもが勉強机に向かっていれば、勉強の習慣が付くと、保護者は安心するに違いありません。その思いは分かります。しかし、本当に大切なのは、勉強時間よりも勉強の中身です。自律的に学ぶ経験を積まないと、決して工夫して仕事ができる人にはなりません。

もっと言えば、私は、学校でしっかりと勉強をして、家では、好きな音楽を聴いたり、本を読んだり、スポーツをしたり、あるいは、ぼんやりと思索する時間の方がよほど有意義だと思っています。

そうした時間の中で、自分自身の内面や思考が整理され、大切なことに気付いたり、思い付いたりすることは、たくさんあるに違いありません。

宿題を全廃したことで、最も喜んだのは、受験を控えた3年生の生徒たちでした。それは「負担が減って楽になったから」ではありません。自分にとって重要ではない非効率な作業から解放されたからです。自分の時間を、自分の考えで使えることの大切さについて、生徒たちは、敏感に感じ取っていたのだと思います。

もし、それでも宿題を出したい先生がいるのなら、生徒たちに「すでに十分にできる問題は、やっちゃダメだよ。よく分からない問題に頑張ってトライしてくるんだよ」と伝えるべきだと思います。繰り返しになりますが、学習は「できない」問題を「できる」ようにするプロセスでないと、意味がないからです。

何より重要なのは、学校の中で学習すべき内容を理解できるようにすることです。そして、「やらされる学習」ではなく、生徒たちが主体的に学ぼうとする仕組みを整えることです。宿題が子どもから自律的に学ぶ姿勢を奪わないようにしなければなりません。

2 定期考査――成績を「ある時点」で確定させることに意味はない

中間・期末テストなどの定期考査の全廃も行いました。

「麹町中で中間・期末テストをなくす」という話を聞いた他校の校長が、「工藤校長の学校、定期考査を廃止したって本当？ そんなことやって大丈夫なの？」と電話をしてきました。「本当だよ」と、私が廃止の理由と狙いを説明すると、その校長は驚きながらも納得していました。

私が定期考査をなくそうと考えたのは、宿題と同様、目的を達成するための手段として適切ではないと感じたからです。

皆さんの中高生時代を思い返してみてください。定期考査前の1週間、日頃の遅れを取り戻すべく躍起《やっき》になって勉強し、テストに出そうな部分を一夜漬けで頭に叩き込んだ記憶はありませんか。そうした定期考査前の学習パターンは、今の生徒たちも何ら変わっていません。

一夜漬けでの学習は、「テストの点数を取る」という目的においては有効ですが、学習成果を持続的に維持する上では効果的とは言えません。テストが終わったら、かなりの部分は忘れてしまうからです。そうしたプロセスを経て獲得した点数・評価は、その生徒にとっての「瞬間最大風速」にすぎず、それをもって成績をつけたり、学力が付いていると判断することとは、適切な評価とは言えません。

さらに言えば、一夜漬けで片づける「悪癖」がつくことの弊害も小さくないと思います。私も大きな仕事があるのに締め切り近くまで着手せず、直前になってから「やっつけ仕事」で片づける傾向がかつてはありました。言い訳をするようですが、こうした習慣も中高生時代の定期考査対策を通じて身に付いたものではないかと思うことがあります。教員の多くは定期考査の「勝ち組」です。自らの成功体験を客観視して、それを否定的に見ることは難しいものです。自分がそうしてきたように、子どもたちにも成功体験を積んでほしいと思うのではないでしょうか。

そうした弊害を考慮し、赴任2年目から1学期の中間考査を廃止し、まず、年5回あった定期考査を年4回としました。このこと自体は、2002年の学校週5日制導入以来、授業時間の確保を目的に他の学校でも行われていたので、割とスムースに移行できました。続いて、美術の定期考査を廃止し、実技や成果物で評価をする形に切り替えました。そして、赴任5年目の2018年度から、全学年で中間考査・期末考査を全廃しました。「全廃」と聞いて驚く教員もいましたが、その趣旨と狙いを説明したところ、多くの教員は納得してくれました。

日本の中学校の多くは、1学期と2学期に「中間考査」「期末考査」を行い、3学期に「期末考査」を行っています。

「中間考査」は主要5教科、「期末考査」は音楽、美術、保健体育、技術・家庭の4教科を加えた9教科というのが標準的な形ではないかと思います。

この仕組みは、法律や教育委員会規則等で定められているものではないのですが、不思議なくらい全国どの中学校にも共通しているものです。

なぜ、どの学校もこうした形式を採用しているのでしょうか。

端的に言えば、これも「通知表をつけるため」です。定期考査の点数で生徒を序列化し、中学校なら「5〜1」の評定をつける。そうした仕事を進めていく上で、定期考査は都合のよい仕組みとなっています。

そもそも学力を「ある時点」で切り取って評価することに、意味があるのでしょうか。たとえ中間考査が行われる5月下旬時点で解けなかったとしても、7月下旬までに完璧に習得していれば、通知表に「5」をつけてよいのです。学習に「早い」「遅い」は関係ありません。

テストを実施する目的は何でしょうか。「学力の定着を図る」ためのものでなくてはなりません。ここにも、「目的と手段」のねじれが見られます。

「定期考査をなくす」のは、生徒たちに楽な思いをさせるわけでも、高校受験を軽視するわけでもありません。生徒たちを第一志望の学校へ進学させる上でも、定期考査を見直す必要があると判断しました。その上で、すべての生徒が効率的に学力を高められるよう、学習システムの再構築を図りました。具体的には、定期考査をなくした代わりに、単元テストを行っています。

数学なら「比例と反比例」の単元が終わればテスト、社会科なら「中世の日本と世界」の単元が終わればテストといった具合に、学習のまとまりごとに小テストを実施しています。

また、年に3回だった実力テストを5回に増やしました。実力テストは、出題範囲が事前に示されないため、生徒たちの本当の学力を測ることができます。

生徒たちは、授業で学んだことを単元テストで確認し、理解しきれていない部分は、そこですぐに復習するようになりました。

ちなみに、単元テストは、再チャレンジすることができます。そうして、理解できていない部分を一つずつ分かるように勉強を重ねて、着実に学力を高めていけるようになりました。この仕組みがうまく機能していくことで、すべての生徒が単元内容を確実に習得し、前へ進むことができるようになります。

しかし、ここで一つ、大きな問題が立ちはだかります。

通知表の評定をどうするかという問題です。仮に全員が満点をとったら、全員に5段階評価の「5」を与えるということになります。

結論から言えば、私は全員に「5」を与えてもまったく問題がないと考えています。教員にそう伝えたところ、ある教員が「本当に、そんな評価をつけてよいのですか？」と聞き返してきました。私は「もちろんです。全員の成績を上げるのが、私たちの仕事ではないですか？」と即答しました。

先ほど触れた通り、そもそも、日本では2000年頃から評価方法を「相対評価」から「絶対評価」に切り替え、点数の序列ではなく、一人ひとりの到達度に応じて評価する方向に舵が切られています。そのために、生徒全員に「5」がつくこともあり得ます。しかし、全国のどこを探しても、全員に「5」をつけている学校はないでしょう。その理由の一つは、教育委員会から「不適切だ」として指導が入るからです。生徒全員に「5」をつけることを「不適切」とする最大の理由があるとすれば、それは、高校受験の内申点とそれに伴う推薦入試があるからだと思います。この内申点の基準となるのが通知表で、ここで順位がつかなければ、推薦入試が成り立たないというのが主たる理由として考えられます。この方針は矛盾しています。国の方針として、これまでの相対評価を絶対評価に切り替えたなら、全員が「5」であってもよいのです。本校では、生徒たちの到達度に応じて、適切に評価し、通知表をつけています。

定期考査を廃止し、単元テストに切り替えたことで、生徒たちはこれまで以上に自分で考えて、よく勉強するようになりました。勉強時間が増えた子もいます。「自宅で机に向かっている時間が増えた」という喜びの声も保護者から聞こえてきます。

もちろん、効率的に学習できるようになった結果として、勉強時間が減ってもよいのです。子どもたちが自分の意思で主体的に学ぶことが大切なのですから。

単元テストの回数は、定期考査を実施していたときよりも多くなりました。その点で、留意しなければならないのが、生徒たちの負担です。同じ時期に複数教科の単元テストが集中すると、部活動が休みになるわけでもないので、生徒たちがパンクしかねません。この点は、教員同士が連絡を取り合う形で、単元テストのスケジュール調整をしています。

中学校に限らず、日本の学校には「ある時点で評価する」仕組みが浸透しています。専門性を高める場であるはずの大学ですら、前期・後期のテストを実施し、学生を評価しています。理由はやはり「評価」のためだと聞きます。

こんなことを続けているようでは、学生が社会で役立つ本物の専門性を高められないのではないでしょうか。まずは大学が前期・後期のテストを廃止し、日々の授業の中で、プレゼンテーションやディスカッションする様子を適切に評価するなどの仕組みを整え、学生の本質的な学びを促すべきだと思います。

3 固定担任制の廃止――「チーム医療」型の学年経営を

見直ししたものの3つ目は、1クラス1担任による固定担任制です。

本校では、2018年度から学級担任を固定せず、学年の全教員で学年の全生徒を見る「全員担任制」を採用しています。一人ひとりの教員にはそれぞれ得意分野があります。それを生かすことが、生徒にとって大きな価値につながっていきます。生徒のサインを読み取るのが得意な教員、保護者対応が得意な教員、ICTの活用に長けた教員、さまざまな個性を生かし合うことができる学年運営に変える。それが全員担任制です。

参考にしたのは、「チーム医療」の考え方です。患者にとって、最も適切な医療を行うために、心のケアや、専門性の高い処置を行う病院の取り組みは、学校に置き換えると、すべての子どもに最善の手立てを、学校全体で取るという姿になります。

これまでの固定担任制には、さまざまな弊害が見られます。

例えば、生徒のすべてを1人の担任に委ねることになってしまいがちなため、固定担任制では、子どもたちや保護者にとっての学級の良し悪しは、多くの場合、担任に紐づけられる傾向があります。学級の中で問題が起きれば、子どもたちや保護者は安易に担任のせいにしたり、また担任の方も自分で問題を抱えこんでしまったりする状況が生まれていきます。

今は、学習面から生活面に至るまで、手取り足取り手厚く面倒を見ることがよいものとされ、昨今では、「丁寧な指導」「面倒見の良さ」をセールスポイントにする学校や教育委員会も少なくありません。しかし、大人が先回りをして、手を掛けすぎて育てられた子どもの多くは、自律できなくなっていきます。そして、自分では解決できない問題やトラブルに直面すると、うまくいかない原因を自分以外の周りに求め、安易に他人のせいにしてしまう傾向があるように思います。

固定担任制の下では、学級担任は、クラスの子どもたちに対し、良い意味でも悪い意味でも責任を持ちすぎるところがあります。極端に言えば、自分の学級の生徒の人生すべてを背負っているかのような気負いがあります。加えて、「クラスの子どもに好かれたい」

という気持ちも強いものです。その結果、指導は必要以上に手厚くなります。そして時に、極端になります。

自律することを学ばない子どもは、物事がうまく行かなくなると、担任教員に責任転嫁をします。勉強が分からなければ「授業が分かりにくい」と言い、忘れ物をしたら「聞いていない」と言い訳をする。担任が「好かれたい」と思って行った手厚い指導の結果がこれでは何とも皮肉な話です。

生徒たちの間にある「勝ち組」「負け組」の意識をなくすねらいもありました。学年の教員集団は、多くの場合、年齢・キャリアの異なるメンバーで構成されます。力量にも教員の個人差が出てくるため、よくまとまったクラスと、そうでないクラスが生じがちです。その結果、子どもたちの間で、「勝ち組」「負け組」の意識が生じます。中学校は教科によって教員が変わりますが、すべての教科を担任が教えている小学校の場合は、こうした意識は、より顕著ではないかと思います。

私は中学校だけでなく、小学校においても学校規模と専科教員の配置次第で、「全員担任制」を実施できるのではないかと考えています。実際、第4章で紹介する、木村泰子先生が初代の校長を務められた、大阪市立大空小学校は、固定担任制を廃止して「全員担任制」を導入しています。

固定担任制を廃止すれば、「学級王国」と言われるような問題もなくなるに違いありません。一部の勘違いをした教員が強圧的な指導で子どもたちを支配するようなこともなくなり、教育活動の透明性は高まります。不適切な指導や体罰も減るでしょう。加えて、学級崩壊が起きるリスクも下がります。学級崩壊は、まとまりのあるクラスとないクラスとの格差が大きいときに起きやすいからです。幸福感と同じで、他と比べることで自分たちの中に不平不満が高まり、反発が生まれがちなのです。

また、中学校では、定期考査の「クラス平均」を公表することもありますが、そうした情報がクラス同士の対抗心をあおり、時に、優越感や劣等感を助長している側面もあると思います。

生徒たちの間に、こうした意識が生じることの弊害は小さくありません。保護者の間では、担任の「アタリ」「ハズレ」が話題になることがあるようですが、「ハズレ」で「負け組」になった生徒は、どんな気持ちになるのでしょうか。

学年内にそんな格差や、残念な思いを持つ生徒を生み出さないためにも、固定担任制を廃止する意義は大きいと考えます。

正直に言えば、私自身、教員になりたての1、2年目の頃は、クラスを「勝ち組」にすることに一生懸命に取り組み、クラスがまとまることに喜びを感じていました。

自分のクラスがまとまっていれば、それでよいと思っていたわけではありませんが、今思えば、他のクラスさえまとまっていれば、他のクラスの生徒のことは、優先順位が低くなりがちでした。年度が替わって担任を外れた生徒から「工藤先生のクラスになりたかった」と言われたときは、恥ずかしいことですが、うれしかったのを覚えています。

そうした意識に変化が生じたのは、教員3年目のことでした。

私より7つほど年上の理科の教員と同じ学年を組むことになりました。実に尊敬ができる人で、考え方が柔軟、旧来型の学校教育を必ずしも良しとはしない感性をお持ちで、私とはとてもウマが合いました。

その人と学年を組むうちに、私は「この先生のクラスに勝っても全然うれしくない」と自覚するようになりました。当時、その学年は2クラスでしたが、両方のクラスをよくしたいという思いが強くなり、担任制のあり方について考えるようになりました。

もちろん、固定担任制を廃止しても、クラスという枠組みは残ります。しかし、本校では生徒たちの間で「勝ち組」「負け組」の意識は薄まり、隣のクラスと比較するような生徒もいなくなりました。そうした様子を見て、改めて、担任教員はクラスの象徴なのだとつくづく思います。

「固定担任制を廃止した」と言うと、「そんなことが可能なのか」とよく聞かれます。制度を解説すると、公立学校の教員は「公立学校義務教育諸学校の学級編制及び教職員定数の標準に関する法律」によって、児童生徒40人（小学1年生のみ35人）につき教員1人が割り当てられることになっています。

そのため、1クラスの最大人数は40人で、41人クラスというのは原則として存在しないことになっています。1学年の児童生徒数が80人なら40人×2クラスとなり、81人なら27人×3クラスとなります。すなわち、80人なら2人の教員が、81人なら3人の教員が、学年の担任として割り当てられます。この点は、基本的に全国どの地域の学校も同じです（もちろん、自治体独自の施策で少人数学級を実現しているところはあります）。

一方、こうして割り当てられた教員を、どのように配置するかは、学校裁量に委ねられています。児童生徒81人なら「3クラス」という枠は基本ですが、教員配置は自由にして構わないことになっています。

本校の場合、1・2年生には各6人の教員が配置されており、その全員が、4つあるクラスの担任という立場で、クラス運営に携わっています。加えて2人の非常勤講師が、授業を担当するだけでなく、クラス運営に関わることができるようにしています。これは千代田区教育委員会と相談をして制度を整えました。

第1学年の例を挙げれば、「学級活動」や「道徳」の授業は、2人体制で各クラスへ出向いています。さらに「道徳」については、1人の教員が4クラスを巡回し、自らの得意とする授業を順々に実施していくこともあります。生徒たちにとっては、幅広い教員と関わりを持ち、価値観を広げることができるメリットがあります。また、三者面談は、保護者と生徒が教員を指名する形で行っています。

「全員担任制」を進める上で大切なのは教員間の連携です。どの学年も週に1回会議を行い、日常においてもコミュニケーションを取り合いながら、情報共有を図っています。全員担任制にして、逆にコミュニケーションが劇的に良くなったと教員は話しています。

宿題にせよ、定期考査にせよ、固定担任制にせよ、長い学校教育の歴史の中で当たり前のように存在し、誰も疑問を持たずに続けてきたものです。

制度や仕組みは、時代とともに変えていく必要があります。

学校教育の上位目的に照らし合わせて、最適な手段ではないと判断したら、たとえ100年続いてきた仕組みであったとしても、変えようとする柔軟性を、校長をはじめとする教育関係者は持つべきだと考えます。

4 運動会の「クラス対抗」も生徒自身が廃止――「誰もが楽しむ」ために

「宿題」「定期考査」「固定担任制」の三つは、見直してきたものの中で、反響が大きかったものですが、その他にも見直しをしたものはたくさんあります。

生徒たちが自ら考え、判断し、生徒会の中で話し合って廃止が決定されたものもあります。体育祭における「クラス対抗」の廃止がその一つです。その理由も「目的」を達成する「手段」として、適切ではないと生徒たち自身が判断したからです。

「クラス対抗」をなくすという判断をした生徒たちはとても立派だと思いました。特に、代々、続けられてきた「全員リレー」をなくすことについての議論には素晴らしいものがありました。

校長としての私は、生徒たちに体育祭について、たった一つのミッションを示しました。それは「生徒全員を楽しませること」というものです。運動が必ずしも得意ではない生徒も、また、体育祭を楽しみにしている生徒も、全員が楽しめるものにしてほしいと生徒たちに話しました。

生徒たちは、まず「全員リレー」を行いたいかどうかについて、学年の生徒全員にアンケートを取ったのですが、9割の生徒が全員リレーを「やりたい」、1割の生徒が「やりたくない」という結果になりました。今までであれば、この時点で多数派である「やること」を選択したことでしょう。しかし、リーダーたちは、ここからさらに話し合いを続けたのです。

彼らが注目したのは、1割の生徒たちの「やりなくない」理由でした。そもそも運動が苦手で走りたくないとか、女の子に抜かれるのは恥ずかしいといった、少数派の意見を取り上げながら、最上位目的である「生徒全員を楽しませること」を達成するためにはどうすればよいかを考え、何度も何度も話し合いを続けていきました。その中で、「全員リレーを選択しない方が全員のためになる」という考えに変化していったのです。その時点では多数決を取るまでもなく、当初9対1だったものが、0対10になりました。

最上位の目的に戻って話し合いを続けることで、こうした結果を生み出すことができたのです。彼らは、この一連のプロセスを通して、その後の人生で何度も繰り返し発揮することができる大切な力を学んだのだと思います。私は、こうした結論を自ら生み出した生徒たちを、とても誇りに思っています。

そもそも、運動会や体育祭の目的とは何でしょうか。

もし、「競争心を養う」ことや「運動能力の優劣をつける」ことにあるのなら、「クラス対抗」は適切な手段なのかもしれません。しかし、私は、そうした目的の下で運動会・体育祭を行うべきではないと考えています。

本校の体育祭は、「生徒全員を楽しませること」を最上位目的としています。その実現に向けて、校長2年目の２０１５年度から生徒会の主催行事に変更しました。実施競技から運営に至るまで、そのすべてを生徒たちに委ねています。

教員にとっても、最上位の目的の達成に向けて支援することが明確になりました。「行進の列が乱れている」「体操の指先が伸びていない」などと、まったく別の次元の目的にこだわって生徒を指導する教員は今は誰一人いません。

「全員が運動を楽しむこと」を目的として、生徒会と体育委員が中心になって練り上げた体育祭スローガンは「With Smile〜『楽しい』が聞こえる体育祭〜」でした。プログラムは、「スウェーデンリレー」（50メートル、100メートル、150メートルと距離が伸びるリレー）「波乗りジョニージェニー」（「いかだ流し」）。生徒が中腰になって並ぶ背中の上を駆けていく競技）「台風の目」（長い棒を4人で横に持って一斉に走り、ポールを旋回して戻ってくる競技）「ピコピコハンマー騎馬戦」など、バラエティに富んだものとなりました。チーム編成は「東西対抗」。クラスを解体して、「1日限りのチーム」で競い合うという形です。

生徒の中には運動が苦手で、運動会や体育祭が憂鬱な気持ちになる生徒もいます。大縄跳びや全員参加のリレーなどでは、自身のミスが原因で周囲に迷惑をかけてしまうこともあり得ます。「クラス対抗」の場合、そうした失敗でクラスの仲間から責められ、人間関係にひびが入ることもあります。

「全員が楽しむ」ためには、運動が苦手な子にも居場所を作る必要があります。もし「クラス対抗」の形で勝敗を意識すれば、勝ったクラスを除く大半の生徒は悔しい思いをし、運動が苦手な子は肩身の狭い思いをします。当然、「全員が楽しむ」ことなどできません。

その点で、3年生が自分たちで、それまでの体育祭とは異なる形を自ら考え、選択し、クラスを解体して、「1日限りのチーム」で競い合い、終わったらそこで解散という仕組みを考えて実行したことは、とても素晴らしいことでした。これでどの生徒も喜びを感じることができて、悔しさがあっても、後を引くことはありません。

これまでの学校教育では「規律」や「団結」が尊ばれ、私自身も、チームが一丸となって何か達成するといったストーリーに感動してきました。リスクの大きい組体操が、いまだ多くの学校で行われるのも、そうしたことの表れではないでしょうか。

ラグビーではよく「One for all」（一人は皆のために）という言葉が使われますが、かつて日本代表で活躍した故・平尾誠二氏は、この言葉を大切にする一方で「個々人が自律していないと、勝利は得られない」と指摘していました。私もまったく同感です。個人に自己犠牲を求め、個性を認めないような組織は、本質的に強くなれないと思います。

また、私は野球が好きなのですが、「野球は突き詰めればチームワークのスポーツではない。1対1のスポーツだ」とよく生徒に話していました。ピッチャーとバッターの2人が、「打たせてなるものか」「絶対打ってやる」という強い思いの中で勝負する、このことを楽しめなければ、野球をやる意味はありません。本当に優先すべきものを忘れてはいけないと思います。

学校における体育の目的については、技能を高めることや競争心を養うことよりも、運動の楽しさを求めることの方が大切だと考えています。スポーツは自分の人生を楽しませる、友達のようなものであってほしいと思っています。

2018年5月。本校の体育祭はとても感動的なものになりました。閉会式では、感動のあまり泣き出す生徒もいました。普段は大きな声で歌うことがない校歌斉唱ですが、応援団の一人が壇上に上がって全身を使いながら吹奏楽部を指揮し、みな、誇らしげに、それぞれの楽しさを全身で表しながら、ノリノリになって、壮大な歌声が校庭に響き渡りました。私は本当にびっくりしました。生徒たちが、とても誇らしく、学校の原点は、こういうものではないかと感じ、うれしくなりました。

最後の校長講評では、私は、もはや何も言うことがなく、「やっぱり体育祭は、生徒たちのものだなあ」と、これまで最も短い言葉を生徒たちに伝えました。それ以外に言うことがなかったのです。本当に充実した、うれしい時間でした。

自分たちの体育祭を作り上げた3年生の素晴らしい努力をたたえるとともに、この体育祭を少しずつ自分たちのものに作り変えてきた代々の卒業生達に深く感謝の気持ちを覚えました。

5 目標はスローガンではいけない――「お飾り」になっていませんか

ここでは目標・目的の在り方を考えてみましょう。

前項目で述べてきた体育祭の目的のように、目的は、それ自体が機能していないと意味がありません（図1）。学校にとって、教育目標はどのような生徒を育てていくかを示す最も大切なものです。教育目標が「お飾り」になっているようでは、よい学校はつくれません。

教育目標を定める際に押さえておきたいことは、そもそも何のために合意形成を図るかです。

本校では、「世の中まんざらでもない！　大人って結構素敵だ！」ということを教えることが最上位の目的です。この目的の下に、「自律・貢献・創造」があり、その目的に向けて、本校の「目指す生徒像」があります。

そもそも学校は、子どもに目標を書かせるのがなぜか好きな所です。年度の最初、夏休み前、２学期の最初など、節目ごとに目標を書かせる教員もいます。教室の壁が、子どもたちが書いた「学期の目標」で埋められているような光景を目にしたことのある人はたくさんいるでしょう。

小学校高学年にもなれば、周りの目を気にするようになります。自分が書いたものが周りに見られることを前提に、本当の目標を書くことができるのでしょうか。担任と子どもたちの関係が素晴らしく、自己開示ができる環境がある場合はまだよいのですが、一般的には「忘れ物をしない」「遅刻をしない」といった、無難な、しかしあまり意味のない目標がクラスの大半を占めてしまっているように思います。

そもそも自分の目標を立てるに当たり、その目標を他人に見せる必要はありません。誰かに言われて目標を立てるものでもありません。自分が達成した目標を、自分だけが分か

図1　目的と手段

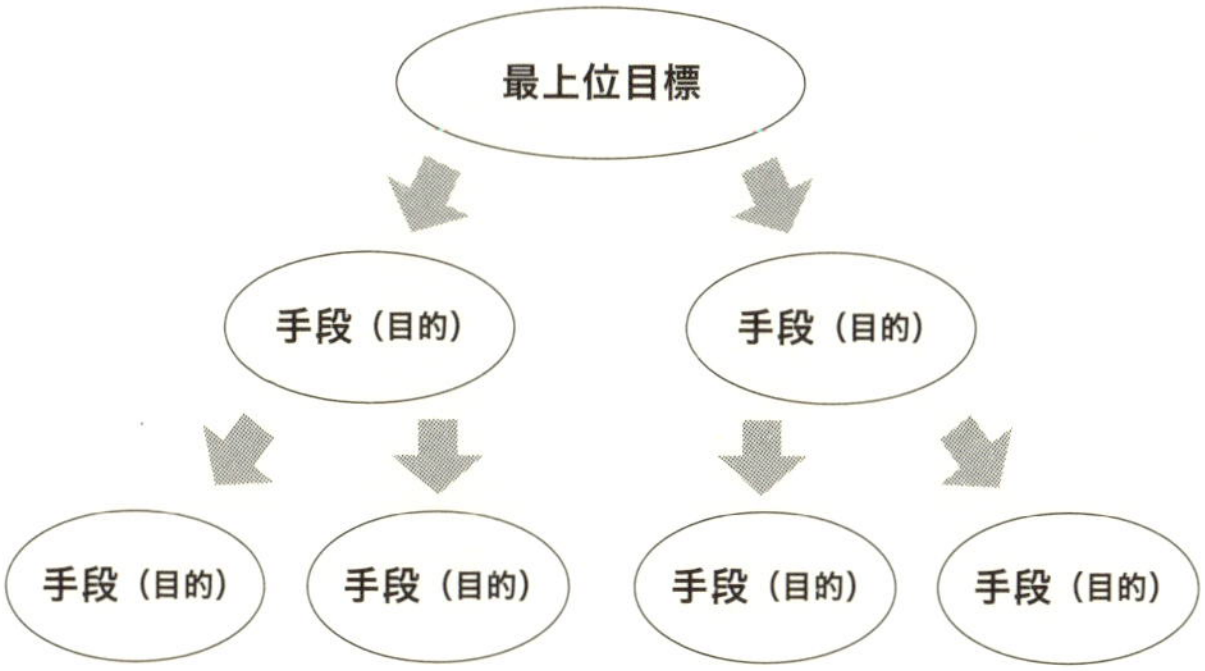

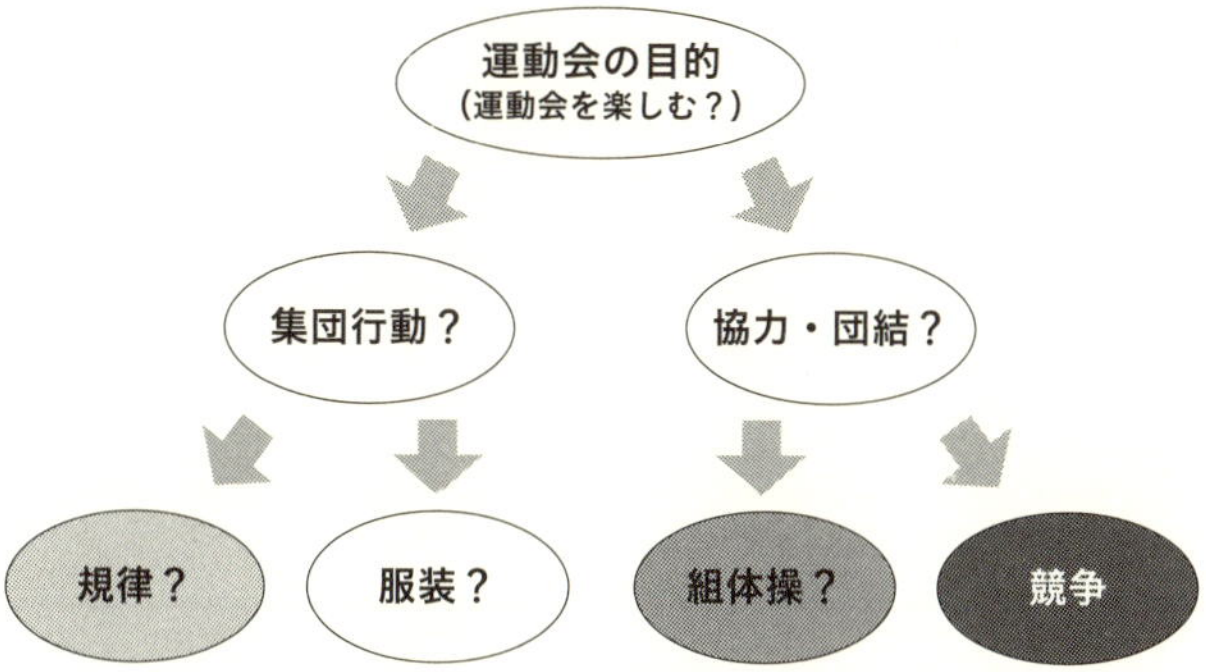

手段（目的に）こだわっている！

る方法で、自分のタイミングで作るのがよいのですから。

もちろん、目標を立てること自体を否定するわけではありません。子どもたちが出ていく社会のことを考えてみましょう。例えば、企業において、会社の経営目標や部署ごとの目標が立てられます。国家公務員や地方公務員も、評価との関係であらかじめ目標を立てます。これらの目標は、時期が来れば達成率や成果が検証され、それが本人の評価や、事業活動の改善等に生かされます。

しかし、学校においては、子どもたちが立てる目標は、ややもすると「立てただけで終わり」のスローガン的になりがちです。教員の中には、「目標を立てる」こと自体に価値があると思ってしまう人もいますが、それこそが「手段の目的化」です。

6 生徒指導——それは本当に必要な指導ですか

私が赴任1年目に行った校内研修の資料を紹介します。これは「叱るものさし（優先順位）」を考える研修です。

表1の1から13を見てください。この中で、あなたが特に厳しく叱りたい、あるいは叱

表1　叱る優先順位を考える

① コンビニで万引きをした
② 下校時に雨がふってきたので、玄関にあった誰かの傘を黙ってさして帰った
③ 学校にお菓子を持ち込んで食べた
④ 放課後、係の仕事をさぼって黙って下校した
⑤ 授業中に隠れてマンガを読んだ
⑥ 4階の教室のベランダの柵にまたがって友だちと遊んだ
⑦ 授業を勝手に抜け出した
⑧ クラスのある生徒を「お前は障害児だ」と馬鹿にした
⑨ 授業中に寝た
⑩ 一人の友だちを数人で無視し続けた
⑪ 友だちとけんかをして殴ってけがをさせた
⑫ 深夜、友だちと公園で大騒ぎして近隣に迷惑をかけた
⑬ 違反の服装で登校した

ってきた項目を挙げてみてください。いくつでもかまいません。実際の研修では、先生方に印をつけてもらった後、これを一つひとつ読み上げて、自分が厳しく指導したいと考える項目のところで手を挙げてもらいました。驚いたことに、教員の手を挙げる項目が、あまりにもバラバラで、つまり、指導に対する感性が異なっていることが確認できました。

次に、何を最も厳しく叱りたいと思いますかと話しました。私が一番叱りたいのは、6番です。命が一番大切だということを指導したい。これは緊急性があるので、何をおいても指導する必要がある。その次は、人権や犯罪に関わることです。1番や2番、8番などです。10番、11番、12番なども関係するでしょう。

でも、それ以外の、日常的に注意をする機会の多い5番や13番などは、学校の場面では、実際には厳しく指導されるのではないでしょうか。

そのことで子どもによっては、登校時から下校時まで幾度となく叱られ続ける子どもがいるのも現実かもしれません。

そうしたとき、子どもには、いったいどんなメッセージが伝わっているのか、教員はそれを見つめ直してみる必要があります。

教員が、子どもの指導・支援で用いる言葉は、子どものその後の生き方・価値観に影響する大切なメッセージです。

特に、子どもが問題行動を起こした時に叱るメッセージはとても重要です。それゆえ、教員は子どもが行った行為一つひとつについて何が重要なのか、本質的に悪いことなのかどうか、その軽重をよく考えて、指導しなければならないと考えます。

私はよく教員に、「どうでもよいことと、どうでもよくないことを、分けて叱りませんか」と話しています。どうでもよいことなら軽く注意を促せばよい。逆に、命や人権に関わること、差別や暴力といった行為には厳しく対応し、自身の言動の意味を認識させる必要があります。

ずいぶん前のことですが、ある教員が、生徒を校長室に連れてきたことがありました。どうしたのかと聞くと、下校途中に「買い食い」をしていたのを発見し、連れてきたとのことでした。その教員は、強い勢いで校長の前に連れてきたのですが、私は大した問題じゃないと考え、その旨を話して終わりにしました。

確かに、本校には当時、「通学途中に飲食をしない」という校則がありました。しかし、そもそも、そこまで目を吊り上げる必要はあるのでしょうか。

「登下校中の買い食いを認めたら、学校に現金を持ってきて、盗難の問題などが発生する」そう指摘する教員もいます。だが、学校に現金を持ってくることと買い食いとの間に因果関係はあっても、本質的には別問題です。

さらに言えば、「盗難を防ぐ」という目的に向けて、「現金を持参させない」という方法をとることも、課題解決の手段において適切とは言えないでしょう。盗難が起こるのなら、「他人の物品を盗む」という行為の問題点を理解させるべきです。

教員は、最上位目標と指導の優先順位を考えずに、慣習に従って指導してしまっていることがあります。服装指導は、その象徴的なものです。多くの学校が、「服装頭髪の乱れは心の乱れ」として指導しています。

麹町中においても以前は、服装の校則は、非常に細かく規定されていました。スカートの長さは「ひざが隠れる程度」とされ、靴下は「白の無地」と決まっていましたし、頭髪は「パーマ、整髪料、脱色、髪染め、髪飾り、眉剃り、化粧、マニュキュア等をしない」と、細かく規定されていました。

こうした校則が、他校に比べて特段に厳しいというわけではありません。公立中学校としては、標準的なものだと思います。今は、服装に関する規定はシンプルになり、頭髪は「清潔にし、中学生らしい自然な髪型とする」という一文だけが残っています。

服装に関する規定は、それほど重要なことなのでしょうか。例えば、赤色の靴下は「派手だから」との理由で多くの学校が禁止していますが、これは感じ方や主観の問題にすぎません。金髪にせよ、ピアスにせよ、国が違えば、何の問題もありません。驚く方がいらっしゃるかもしれませんが、麹町中では、服装・頭髪の指導は一切行いません。そもそも、頭髪や服装が問題だという概念そのものがなくなってしまったからです。

さらに、麹町中では服装や頭髪のルールについては、昨年度、ＰＴＡにその権限をすべて委譲しました。ＰＴＡの中に位置付けられた委員会が中心になって、経済性、機能性を最優先にしながらルールを検討し、ＰＴＡ運営委員会を通して決定される仕組みとなりました。

すでに通学カバンや、夏服など、さまざまな規定が変更され、現在、ＰＴＡでは、２０２０年４月入学生の制服変更を目指して取り組んでいるところです。こういった一連の流れを受けて、生徒会もＰＴＡと協力し、制服のあり方について主体的に検討しています。

さらに、ＰＴＡ制服等検討委員会の話し合いについて、広く多くの人たちに話し合ってもらおうという趣旨で、教員、生徒、制服等検討委員会のメンバー、ＰＴＡ役員、企業代表者などが集まり、麹町中の制服のあり方について２０１８年９月にシンポジウムを開催しました。

制服の可否についての会場アンケートやアラブ首長国連邦の首都アブダビに転校した生徒からのビデオメッセージなどが紹介されました。そのメッセージは以下のような内容でした。

「僕の学校には68カ国の子が登校していて、僕のクラスの15人の生徒はみな国籍が違います。でも、お互いに尊敬し合っていて、とても過ごしやすいです。ここはイスラム教の国なので、礼拝の時間になると音楽が鳴り、皆、同じ方向を向いて祈ります。僕もそうしています」

麹町中に通うイスラム教徒の女子生徒は、「私は制服が好きだけど、ヒマール（頭から背中まで覆う布）が被れなくなると困ります。スカートも長くなければいけません。イスラム教徒の格好をしていることで外国人に間違われるのも嫌なことです」と発表してくれました。こうした話を聞いたり、互いに意見を述べたりすることで、さまざまなことが共有されていきました。みんな違っていい。しかし、同時に、誰もが大切にされるべきです。この両立を考えていくことが重要です。

そこからさかのぼりますが、２０１８年7月には、生徒会主催で、私服でも登校してもよい期間を約10日間設けました。この期間中は、多くの生徒が私服で登校しましたが、この期間、私服で登校した生徒も、制服で登校した生徒もいましたが、それぞれが制服や私服の利便性を感じていたようです。

繰り返しになりますが、例えば、友達との会話の中で、心無い差別用語などを投げ掛ける生徒がいます。私は、そうして人の心を傷つける行為の方が、よっぽど許されることではないと考えます。

私は入学してきた1年生に向けて、道徳の授業を行うようにしています。そこで、命を大切にすることと、差別をしないこと、それは絶対に大切なことなので、守ってほしい、という話をします。また、心の問題と行動の問題についても話します（これについては後述します）。

7 書く指導──「他者意識」が欠如している

ここでは、書く指導を中心に他者意識と目的意識の重要性について見ていきたいと思います。聞き手が何に興味があるのか、どのような順序で話せば理解してもらえるか、熟考した上で組み立てることが大切で、私も人前で話をする際はこのプロセスを重視しています。

教室の掲示物について思い浮かべてみてください。教室の壁に班新聞などを作って張り出している学級があります。班新聞を作る「目的」は何かといえば、新聞なのだから「第三者に読んでもらう」ことです。第三者とは、クラスのみんなです。しかし現実には、誰にも読まれていなかったりするケースが少なくありません。

また、年度当初に、子どもたちに「自己紹介カード」を書かせて、掲示している学級もあります。これもほとんど誰にも読まれていないし、子供たちも「いじられる」ことを気にしたりして、当たり障りのないことしか書いていないことが多いように思います。

いずれも班新聞や自己紹介カードを書くこと自体が目的化してしまっている典型例では

ないでしょうか。

班新聞の場合、「誰かに読んでもらう」ことより、「皆で協力して制作すること」の方が重視されてしまっている。「自己紹介カード」は、もし、学級の相互理解を深めるのが目的であれば、カードを書かせて張り出すより、グループエンカウンター等を行って対話を深めていった方がよほど効果的です。


作文は読み手を想像しながら、文章の構成や書き出しを工夫して、読んでくれる人の興味関心を喚起しようとするものです。そうした「他者意識」があってこそ、「伝わる」文章を書くことができるようになります。

しかし、子どもたちは、作文を書く際に、「他者意識」を持つことが少ないと思います。何を意識しているかというと、担任に「褒められること」「評価されること」、あるいは「怒られないこと」です。もしこのような意識で書かれているとすれば、将来に向けた、文章を書き、考えを伝える能力が身に付けることにはつながりません。

フィンランドの国語の教科書の日本版が市販されていますが、「目的意識」や「他者意識」を持って文章を書かせる訓練が、小学校段階から徹底されています。

この教科書の小学5年生版を読むと、「旅行記の書き方」という単元があり、少年が夏休みの旅行記を書くプロセスが、段階に分けて解説されています。テーマを決めて材料を集め、構成を考えて作文を書く。そして推敲して清書するというものです。

特筆すべきは「構成」を考える場面です。「みんなはどんなことに興味があるのか」という一文から始まり、最初は旅行の準備から書こうと思ったけれども、それでは読み手の興味を引けないので、別のところから書くようにしました、ということが説明されています。つまり、この学校では、旅行記を読んでもらう相手が教師でなく友達なのです。もし、書いた文章が相手に伝わらないとしても、それを理解してくれない相手が悪いんだと思うのではなく、相手に伝える文章を書くべきです。言葉は伝わってはじめて価値があります。自分の伝えようとした言葉が相手に伝わらないとき、理解できない相手が悪いというのか、あるいは自分が悪いと考えるのか、ここに伝えることの本質があると考えます。

どんなに上手な文章でも、伝わらなければ意味がないという訓練を子どもの頃からすることは必要だと思います。

私は外国のさまざまな教育法を信奉して、そのメソッドをなぞることに意味があるとは考えていません。また、日本にそういう教育がないからといって、他の国と自らを比較して嘆く必要はまったくないと考えています。

しかし、良い考え方や方法は、外国のものであれ、日本の過去の取り組みであれ、積極的に取り入れていくべきだと考えています。

そのことに加えて、ここで1点、伝えたいことがあります。読解力を高めるために、読書を強く推奨する研究者がいますが、私はそのことのみを推奨するのは適切ではないと考えます。

アメリカの有名な俳優、トム・クルーズさんが自ら公表して語っていることですが、ディスレクシア（文字の読み書きに困難を覚える特性）である彼は、映画の台本などを読んで台詞を覚えることが難しく、集中して話を聞いたり、誰かに話してもらったことを覚えたりして、素晴らしい演技を見せてくれています。メディア等に対しても、そのことを公にして、誠実に応える姿には、とても感動します。

学校には、さまざまな生徒がいます。他者を意識してコミュニケーションを取ることを学ぶために、文字を読んだり、書いたりすることが苦手な子も、トム・クルーズさんのように集中して話を聞くなどして学ぶことはできますし、また、ＩＣＴ（情報通信技術）の力を活用することで、その子にとって、もっとも適切な学びのスタイルを取ることもできます。

8 Not心の教育——行動こそが大切

社会にとって、よい行動を行うことができる人を増やす。心の教育はそのことを実現するための手段です。心の教育は大切だと日本中の人が考えると思います。私もその一人です。しかし、よい行動を行うことができる人間を育てるために心の教育があるということが見失われていると感じることがあります。

修学旅行の定番の地となっている奈良の薬師寺の僧侶の方がこんな話をされたことを覚えています。「心の持ち方、ありようによって行動が変わり、行動を変えると心を変えることができる。『面白くない、つまらない』と思って授業を受けていると、ついつい頭が下がり、居眠りしてしまったりする。それは、自分の中にある、ぐうたらな心が自分の行動をそうさせている。しかし、たとえ、寝不足などで体がひどく疲れきっていたとしても、姿勢を正し、頭を上げ、顔をしっかり意識して向けていくことによって、元気な心が生まれてくる」と。

心が行動を決め、行動は心を変える。薬師寺で伺ったお話は心と行動の密接な関係を捉えた、とても興味深いものだと思いました。

人は時々「心」にこだわります。特に中学生ぐらいの年代は、自分の心のありようがとても気になる時代です。自分を見つめ、自分の生き方を深く考えることは、自分を成長させるためにとても大切なことです。

しかし、心にこだわり過ぎると、よいことをしようと思っても、人目を気にするあまり、臆病になってしまうことがあります。実際、学校では生徒たちが、せっかくよい行動をしても、「本当はあの人、○○なのにね」「いい子ぶっているだけだよ」などといった、行動を否定的に捉える言葉が、時おり生徒たちの中から聞こえてくることがあります。しかし、「よい行動ができるようにする」ことこそが目的であって、心のありようは、問題ではありません。

具体的な例を挙げて考えてみましょう。

ここに、全く正反対の2人がいるとします。一人は「心の底から優しいことをしたいと思っているのに、人目を気にするあまり、行動できない人」そしてもう一人は、「決して純粋な理由ではないけれども、よいことを行っている人」。どちらの人がより価値があるでしょうか。人は行動の積み重ねで評価されていくものだと私は思います。そもそも人の心の中など簡単に分かるものではないとも思います。私自身、いまだに自分の心さえ、よく分からないことがあります。

そもそも「心はみんな違っていい」はずです。人の価値観、考え方はみんな違ってよいのです。私は生徒たちに、人は行動こそが大切だという「行動の教育」を伝えていきたいと思っています。

かの孔子が、論語の中で「70にして心の欲する所に従って矩《のり》を踰《こ》えず」（自分の心のままに行動しても、人の道を外さなくなったのは70歳になってからとのこと）と語っています。

あの孔子でさえも、70歳になっても意識して自らの行動をしている。人生の最後のステージに差しかかっても、そうした努力をしていたことに感動します。

前述の通り、私は1年生全体の道徳の授業を年度の初めに行っていますが、そこでは、命、人権を大切にすることと、差別をしてはいけないことの重要性について話します。人を差別する心を完全に消し去ることはできないかもしれないが、そのことを意識すれば、差別をしないことは誰でもできる。そうした人間になることこそが大切だと生徒に伝えています。

幼稚園や保育園、小学校で心の教育の象徴としてよく言われている、「みんな仲良くしなさい」という言葉があります。この言葉によって、コミュニケーションが苦手な特性を持った子どもたちは苦しい思いをしているのではないでしょうか。よかれと思って、多くの教師が使っている言葉で、結果として、子どもが排除されることになってはいけません。「人は仲良くすることが難しい」ということを伝えていくことの方が大切だと私は考えています。

第2章

「手段の目的化」——学校教育の問題

目的と手段から既存の教育活動を見直し、スクラップ（見直し）する。麹町中の学校づくりは、そこからスタートした。その内容は第1章で紹介した通りだが、本章ではこの点をもう少し掘り下げて、現状の学校教育が抱える課題を考えてみたい。

1 学校は何のためにあるのか

私が麹町中学校で実践してきた方法は、学校に限らず、あらゆる組織で活用できます。目的と手段が一致しないものや、手段が目的化しているものは廃止・見直しをする。その上で、本来の「目的」を再確認して、最適な「手段」を再構築する。そうしたプロセスで改善を図っていくことが大切です。

現在の学校教育を見渡すと、目的と手段の不一致はもちろんのこと、手段自体が目的化されているようなケースがたくさんあります。

加えて、そうした矛盾に多くの人が気が付いていないか、あるいは「見て見ぬふり」をして、何らアクションを起こさないでいることについて、なぜなのだろうと、私はずっと考えてきました。

今こそ、目的と手段の不一致がないか、徹底的に検証していく必要があります。そのスタート地点として、「学校は何のためにあるのか」という根源的な問いに立ち返って、読者の皆さんと一緒に考えてみたいと思います。

「はじめに」でも書いた通り、学校は人が「社会の中でよりよく生きていける」ようになるために学ぶ場所です。そしてその結果として、学校で学んだ子どもたちが将来、「より良い社会をつくる」ことにつながっていくと考えます。

勘違いしてはいけないのは、「学校に来る」こと自体は、社会の中でよりよく生きていけるようにするための一つの「手段」にすぎないということです。たとえ、何らかの事情で学校に行けなくなったりしても、学校以外にも学びの場はありますし、社会とつながることだってできます。勉強だってできるし、もちろん立派な大人になることができます。逆に、学校にきて学習指導要領に定められたカリキュラムをこなしても、知識を丸暗記してテストでよい点をとれるようになっても、社会でよりよく生きていけるとは限りません。この点について、私たち大人はもっと柔軟に考えられるようになっておきたいものです。

麹町中に校長として赴任した年に、不登校になっていた子どもたち全員とその保護者と平日の夜や休日を使って面談をしました。学校に来られない場合は、自宅などで面談を行いました。その中の一人に、学校に来られず、自宅に引きこもっている生徒がいました。本人と面談したときに、やや緊張した面持ちだった生徒に、私はこう話しました。

「別に学校に来なくたって大丈夫だよ。進路のことも、高校に行きたいなら、今からでも全然問題なく行けるし、心配することなんて何もない」

校長から「学校に来なくても大丈夫」と言われると思わなかったのか、少し驚いた様子でしたが、面談が終わる頃には、表情はかなり和らいでいたことを覚えています。

その後、何度か面談をするうちに、その生徒は家の外に出ることができるようになり、それまで苦手だった電車にも乗れるようになって、その後、希望する進路を自ら見つけて、学校説明会にも行き、希望する学校へ進学しました。自らの意思で、自らの進路を切り拓いたのです。受験して合格し、その後、一日も休まず、学校に行っています。

進学後まもなく、彼は私の所へやって来て、学校の様子や自分が取り組んでいることについて、いろいろと楽しそうに話してくれました。

今、不登校に苦しんでいる子どもたちや、その保護者の方々の中には、誰かを恨んでいる人がいるかもしれません。その多くは一方で、自分自身を強く責め続けてもいます。私はそうした人たちに「とにかくもう自分を責めないでほしい」「あなたは何も変わらなくてもいい」と伝えたいと思います。

一般に、不登校になってしまった子どもの母親の多くは、特に苦しい思いをしています。「こうなってしまった原因は自分なのかもしれない」と責め続けます。そして苦しくなった思いは、夫や家族、他の誰かに向けられます。残念なことに、こうした母親の様子は、不登校の子どもの姿に色濃く影響を与えることとなります。子どもはさらに自分を責め、ほかの誰か、そして母親を責めることによって、ある意味、自分自身を安定させようとしているかのように見えます。

誰かを責め続けている状態の中では、人は自律のスイッチを押すことはできません。まずは、人を責め、自分を責めることをやめさせなければなりません。

学校は子どもに学びたいという気持ちをどのように持たせてあげられるか、一人ひとりの学びをいかに保障するかを徹底的に考えなくてはいけません。繰り返しになりますが、もしそれができないのであれば、別の方法で学ばせてあげればよいのです。

学校は「社会の中でよりよく生きていける」ようになるための場所です。

不登校のありようはさまざまで、必ずしも、麹町中での対応もすべてがうまく行くわけではありません。しかし、少なくとも学校が「手段」の一つにすぎないことは、教師こそが理解すべきだと考えます。それができれば、不登校は世間で騒がれているほど深刻な問題にはなりません。むしろ、学校へ行かない子どもがいても、周囲の大人が平気な顔でいられるような社会がよいと考えます。

では、「手段」の一つである学校は、子どもたちがよりよく生きていくために、どのような機能を担うべきなのでしょうか。

社会では、「コミュニケーション」と「経済活動」を行うための2つのスキルが必要です。学校はこうしたスキルをしっかりと身に付けさせていきたいものです。特にコミュニケーション能力は、障害や発達の特性の状況に応じて、自分なりの方法を身に付けていくことが求められます。

学校の機能を単純化してみると、二つのポイントが考えられます。教師の立場から考えれば、①何を教えて（カリキュラム）、②どう教えるか（教え方）であり、生徒の立場から考えれば、①何を学んで（カリキュラム）、②どう学ぶか（学び方）です。

このことについて考えるには、歴史をさかのぼってみるのが分かりやすいと思います。今の学校の原型は明治維新以降に作られましたが、それよりもさらに前、江戸時代にまで戻って、教育を考えてみましょう。

江戸時代の寺子屋のカリキュラムと学ぶ方法は、とても理にかなった教育であったと私は思います。

「①カリキュラム」については、「読み」「書き」「そろばん」が中心で、まさに実社会においてコミュニケーションや経済活動に結び付いた知識・技能でした。武士の子はもちろん、商人や職人、農民の子に至るまで、多くの寺子（子どもたち）が「読み」「書き」「そろばん」を学び、今よりもはるかに若い年齢で社会に出て、家計を助けていました。

「②教え方・学び方」については「自学と学び合い」が中心です。教師が現在のように大勢の生徒に一斉授業で教えることはありません。分からないことがあれば友だちに聞いたり、教えたり教えられたりしながら主体的に学んでいました。実はこれは、世の中の営みそのものです。つまり、社会に出てからの大人の学び方と、子どもたちの学び方は同じだったのです。今のように一斉授業の中で一方的に情報を受け続け、ただ丸暗記するような勉強方法ではありません。また、「これをやりなさい」「あれを勉強しなさい」と一方的に押し付けられることもありませんでした。

学びは、人に頼るものではなく、自分で分からなければ調べたり考えたり、それでも分からなければ聞くなどしました。当時は、「対話」が当たり前だったのです。まさに「学びのスタイル」が「社会でのスタイル」なのです。

私たち大人は仕事をしていく過程で、日々多くのことを学んでいます。学校においても同じです。教師同士も学び合っています。その学びの多くは、日々のちょっとした会話を通じて、経験が豊かな先生から新任教師へ「こうしたらいいよ」という方法を伝えるコミュニケーションを介して行われています。研修などを除けば、私たちが職場で必要なスキルを、講師による一斉講義形式で座学で学ぶということはありません。これは民間企業においても同様でしょう。

新学習指導要領では、「アクティブ・ラーニング」（主体的・対話的で深い学び）が求められています。

私は、学びは、そもそも「アクティブ・ラーニング」に変えていくべきだと考えています。それは、人が社会で生きていくスタイルそのものが「アクティブ・ラーニング」だからです。そもそも、「一方的な講義スタイルで、じっと座って、誰かの話を聞く」ということが世の中において当たり前ではありません。対話し、発信し、受け取り、合意形成を行う。そうした形で物事を解決していく。これが社会の姿なのですから、学校においても、社会の「当たり前」を学べるようにすべきだと考えています。

カリキュラムについても、かつての藩校は地方分権で自律しており、江戸幕府にコントロールされてはいませんでした。各藩が自らの経済活動に必要だと考えれば、各地から優れた人を招いてきて講義を行ってもらうなど、独創的で自律した学びを行っていました。問題解決能力を日々の活動の中で高めていたのです。これが明治維新以降、優れたリーダーを輩出した一つの理由であったとも思います。

寺子屋は私設の教育機関でしたが、就学率は非常に高く、江戸などはもちろんのこと、地方の小都市や農村部でも、多くの子どもが通っていたようです。それは、「社会の中でよりよく生きていけるようにする」という目的に対し、寺子屋が適切な手段だったからだと思います。

江戸末期、日本の識字率は非常に高かったとも言われています。それは、寺子屋で培われた知識・技能が日本の隅々まで浸透していたからだと思います。そうした基盤があったからこそ、明治期の奇跡的な産業的発展ができたのでしょう。

ところが、明治維新以後、日本は西洋の学校教育制度をモデルとして、まったく新しい公教育制度が整備されました。そこでは、教員による一斉講義形式の授業が行われ、カリキュラムも教科型へと転換しました。その結果、実社会の営みと離れてしまい、学校へ通う子どもたちの生活実態や、学ぶ内容と意義を家族が認められないことなどがあり、しばらくの間、就学率が長く低迷することになったと聞きます。

子どもたちが学校へ行かなかったのは、明治期の学校が「社会の中でよりよく生きていける」ための手段として、適切でないと感じたからだと思われます。近年、不登校の子どもたちの数は増加傾向にあり、そのありようも複雑化しています。もしかすると、明治期と同じく、学校に行く意義を見い出せなくなっている子どもがいることの表れかもしれません。

2 学習指導要領は何のためにあるのか

次に、「学ぶ内容（カリキュラム）」と「学び方」の観点から、現代の学校教育を考えてみましょう。

学校のカリキュラムを定めているのは、国が定める「学習指導要領」です。これは、ほぼ10年に一度、改訂が行われ、学校で子どもたちが「社会でよりよく生きていける」ようにするために、どういった知識・技能について学ぶか、また、学ぶべき内容を、どの順番でどのように学ぶかについて、学年ごと、教科ごとに細かく内容を示したものです。

各学校は、学習指導要領を上手に活用して、子どもたちに必要な力を身に付けさせていくことが大切です。個人的には、現在のカリキュラムの内容は多すぎると感じています。現代の社会が求める最小限のものに絞り、もっとシンプルにする必要があると考えます。

ところで、教育関係者の多くは、学習指導要領に基づいて作られた教科書をこなすことや、定められた時間数を守ることに意識が向きがちです。地域の実情や目の前の子どもたちの実態に合わせて、柔軟に教育内容を工夫することは、ほぼ見られません。

例えば、離島や過疎地の学校には、教員1人につき、児童生徒2、3人の学級があります。2、3人の学級であれば、30～40人学級よりも授業が進めやすく、教科書を中心にした一斉講義型の授業にこだわる必要は必ずしもありません。個別学習もしながら、同時に、グループでの調べ学習なども取り入れて、密度の濃い授業が展開できます。

しかし、そうした環境にあっても、黒板を使った一斉講義型の授業を実施していることがあります。その理由は、教科書を早く終わらせても、次の学年に進めないと考えているからです。

確かに、日本の小学校・中学校では、2学期までに教科書をすべて消化しても、次学年の教科書は翌年度まで届きません。しかし、だからといって、一斉講義型の授業にこだわる必要もありません。時間を潤沢に使えるなら、教科書の内容をなぞるだけでなく、単元の学習と実社会とのつながりを調べたり、学校から外へ出て地域に出て行って学んだりと、さまざまな工夫を試みることが可能です。

これは一例にすぎませんが、同様の現象は至る所で見られます。

つまり、学習指導要領に教員の意識が縛られていて、自由な発想が奪われてしまっているのです。目の前の子どもたちが社会の中でよりよく生きていくために何が必要なのか、多くの教員、教育関係者が自分の頭で考えることを忘れて、教科書をこなすことに終始してしまっていることが問題だと考えます。その結果として、「今週の学級活動、何にする？」なんて会話が、多くの職員室で交わされているのが現実ではないでしょうか。「忙しい、忙しい」と嘆きながら、その一方で、目的のない授業を無駄に行う。学習指導要領に縛られた結果がこれでは何とも皮肉です。

すでに2018年度から先行実施されている新しい学習指導要領は、「社会に開かれた教育課程」を標榜しています（ちなみに、私は「学校を社会に開く」というよりは、社会とのつながりにおいてつなぎ目がない、自然につながっているという思いを込めて「社会とシームレスな教育課程」と言っています）。その方向性自体は、麹町中が掲げる教育目標とも一致しており、何ら異論はありません。しかし、学習指導要領の存在自体が、教員の自由な発想を忘れさせて、「社会に開かれた教育課程」の阻害要因となっているのは、何とも不思議なことではないかと思います。

学習指導要領は、あくまでも、国が定める教育課程の大綱的な基準にすぎません。教科書を使って授業を行っていますが、子どもの状況に合わせて、内容を加えて教えたり、教材を工夫して教えたりすることはいくらでもできるはずです。

確かに北海道から沖縄まで、全国すべての自治体において、子どもたちが学べる内容を保障することは大切です。しかし、一方で学習指導要領の存在が、学校をどこか窮屈にしているように感じます。

この背景には、私も含め校長や教員が「考える」ことをやめてしまったことがあるのではないでしょうか。

3　いじめ調査は何のためにするのか

毎年度「いじめ調査」が行われています。文部科学省から調査結果が出ると、「認知件数が増えた・あるいは減った」ということがマスメディアによって報じられます。これを見て、いじめ問題の深刻化を危惧したり、「学校や教育委員会は何をしているのか」と問いただしたくなったりする人もいるでしょう。

しかし、いじめ調査の目的はどこにあるのでしょうか。

「いじめ件数を把握するため」と言う人は多いと思いますが、それは副次的なものにすぎません。いじめ調査は、目に見えない「いじめ」を掘り起こし、いじめによって苦しんでいる生徒を救うために行うものです。調査で上がってくる数字に一喜一憂することに意味はありません。私たちは評論家ではなく、教育者です。

以前、新宿区の教育委員会で教育指導課長を務めていたとき、ある区議会議員から「いじめの調査結果によると、件数が増加している。この数字を教育委員会はどのように捉えているのか」との質問を受けたことがありました。

私は次のようなことを答えました。

「私は決して多い数字だとは考えていません。これでも、まだ少ないのかもしれません。そもそもいじめ調査は人間関係で苦しんでいる子どもたちを救うために行います。子どもたちの間にトラブルが生じていることを教師や学校が知ることが重要であり、今、この瞬間にも、調査結果で示された件数の一つひとつの裏側に、いじめで苦しんでいる子どもたちがいます。ほかにもまだ、いじめで苦しんでいる子どもがいるかもしれません。そもそも、この調査結果の一つひとつがいじめなのかどうかを特定することは重要ではありません。トラブルは子どもたち自身の力で解決するのが理想です。しかし、中には子どもたちだけでは解決できず、大きく傷ついてしまうことがあります。ですから、このトラブルが子ども同士で解決できるものなのかどうか、もしできなければ、どういった支援が必要なのかを吟味することが大切です。新宿区教委はこの姿勢を貫き通していきたいと思います」

この発言を当時の、新宿区の区議会は快く受けとめて、全面的に支持してくれました。私はそのことをとてもうれしく思いました。また、区議会の皆さんの姿勢を区の一員として誇りに感じました。

いじめ調査は「いじめの発見・対応」という目的達成に向けた「手段」として行われます。その「手段」自体にこだわり、調査結果の数の増減やその原因追及だけを行うのは、本来の目的を見失っています。

4 トラブルを学びに変える

さらに、手段と目的の不一致、手段の目的化は、日々の教育活動においても、よく見られます。

例えば、2人の生徒がけんかをしていたとします。この場面で、指導のゴール地点をどこに置くべきでしょうか。多くの教員は「2人を仲直りさせること」と答えるでしょう。

しかし、「2人を仲直りさせること」をゴール地点に置くと、教員は積極的に仲裁に入って、相互に謝罪をさせ、握手をさせるなど、表面上の和解に意識が向いてしまいがちとなってしまいます。実際、私はそうした指導をたくさん見てきました。無論、こうした指導によって、表面的に問題は解決したことになりますが、実は、本質的には何ら解決になっていません。

ここで大切なことは、「トラブルをどう学びに変えるか」です。これが最も上位に来る「目標」となります。そして子どもたちがトラブルを学びに変えていく過程において、大人である教員が適切に関わり、大人に対する信頼感を増していくことが大切です。従って、「主体的に仲直りするプロセスを体験させる」ところに指導のポイントを置く必要があります。トラブルを起こした当時者は生徒自身なのですから、周りの大人や教師が解決してくれると感じさせてはいけません。生徒自身がどうすればよいのか、自分の頭で考えるようにならないといけないのです。そうしないと、２人の生徒はせっかく起きた「対立」を、自分たちの力で解決する貴重な機会を失ってしまうことになります。

また、もしひどいけんかであったとして、たとえ、相手を「許せない」と思ったとしても、もし許さないのであれば、「許さないことによって起こる新たなリスクは自分がずっと負うことになるよ」という言葉掛けも大切です。その自覚を持つようになると、子どもたちは自ら考えて、解決の道を選ぼうとします。

実社会では、周囲の人間と対立することが多々あります。複数の人間が集まれば、見解の相違が出るのは当然のことで、その対立自体はごく普通のことで、悪いことではありません。

問題は、対立をどう解決していくかです。

この力が備わっていないと、対立そのものを恐れて自分の意見を述べられなくなったり、対立した時点で関係性が終わってしまったりすることになります。

子どもたちは元来、自分たちで問題を解決する力を宿していると信じています。けんかをした場合も、気を付けて見ておく必要はありますが、必要以上に介入せず、放っておけば、時間をかけて自分たちで関係性を修復させていくものです。教師はそのプロセスをしっかりと見守り、適切なタイミングで意味のある支援を行っていきたいものです。

大人の役割は、子どもが一人で越えられないハードルに出会ったときにしっかりと越えさせてあげるように支援することです。

ちなみに、大きなトラブルを起こした生徒の保護者に学校に来てもらって、私が話をするときには、いつもこんな話をしています。「このくらいの年頃になると、親が何か言ったくらいで、子どもは変わりません。でも、こうしたトラブルこそ、人生の教訓を教える大きなチャンスです。私たち大人の出番です。どう『お灸をすえるか』を一緒に考える作戦会議をしましょう」と、まず、保護者と教師が同じスタンスで、一緒に考えましょうと言います。

そこで別室で控えさせておいた生徒を校長室に呼び込んで、保護者と教師が生徒の支援者であることが分かるように話をしていくと、次第に生徒の様子が変化していきます。

保護者には、学校を批判したりするのではなく「当事者意識」を持ってもらうことが何より大切だと考えます。

教員の多くは、早期に、表面的に、仲直りをさせようとしがちです。結果として、子どもは対立を自力で解決する力を失い、対立が起きたときに「誰かが何とかしてくれる」と考えるようになってしまいます。さらには、問題を解決できないときに、「環境が悪い」「周りが悪い」などと誰かのせいにしようとするようになってしまうのではないでしょうか。よかれと思って仲裁に入った教員が、「うまくいかないのは先生のせいだ」と非難されてしまう。そんなことではいけません。

5 リーダー指導は教員の仕事

昨今は「リーダー育成」が教育上の課題として挙げられていますが、教員が子どもたちに同質性を過剰に求め、フォロワーになることを要求しているうちは、リーダーは育たないでしょう。リーダーを育てるのは、とても難しいものです。

私も生徒たちから、リーダーの難しさを教えられてきました。

あるとき、生徒が「周りが自分の話を聞いてくれない、だれもついてきてくれない」と相談に来たことがありました。

一生懸命頑張るその子を励まそうと考え続けていたときに、ふと、こんな言葉が出てきました。「それはそうだろう。人はそもそも動いてくれないものなんだよ。動かない人を動かせるようになってこそ、本物のリーダーだ。初めは誰もできないよ」

彼は、その言葉を聞いて、ほっとしたようでした。

「それでね、動かない人を動かすには『戦略』が必要なんだよ。そのためには自分を知り、相手を知り、どの言葉を選んで、どのタイミングで発するか、さまざまな工夫がいるんだ」

その話は、自ら思わず発したものでもありましたが、同時に、自分自身にも言い聞かせるものでしたし、生徒に語る以上、自分がそれができていなければいけないという「覚悟」を迫られるものでもありました。今でもそのときのことを思い出しますし、その後の自分自身の教員人生の指針となる言葉ともなりました。

これからの時代のリーダーは、多様化が進む社会の中で、集団をまとめ上げる力が求められると言われています。社会には、コミュニケーションが苦手な人もいれば、人づきあいが得意ではない人もいます。そうした多様性のある社会をありのままに受け入れて、イライラすることなく、自分が何をなすべきかを考え、適切な手段をとることができるようになる力が必要です。

同質性を求め、異質な人間を排除したり、教育・指導によって心を変えようとしたりするリーダーは、決して成功できません。優れたリーダーを育てる意味でも、まず教員が、多様性を認め、自らの指導のあり方を見直すところから変えていかねばなりません。

生徒を指導する場において、教員はとかく、表面上の「形」を求めたがります。

例えば、体育館に子どもたちを集め、誰かの話を聞かせる場面では、「整列しなさい」「静かにしなさい」と大きな声を張り上げます。その結果、子どもたちは深く考えることなく、「先生が怒っているから」「うるさいから」といった理由で整列し、静かにするようになります。

これで「形」は整ったことになるのですが、ここで子どもたちには「静かに話を聞く」ことの意義について考える機会が奪われています。ただ言われたから座り、静かにしていただけです。話を聴く態勢を自ら作るということにはつながっていません。

そもそもリーダー指導を行うに当たって、子どもたちに「静かに聞きなさい」と指導する際に適切な言葉を選ぶことが大切だと私は考えています。子どもたちが話を聞かないのは、内容がつまらなかったり、自分との関係性が見い出せなかったりするなど、本質的には話し手の問題だと捉える必要があります。社会において、あるいはビジネスにおいて、相手や聴衆が話を聞かないからといって、相手に注意する人などいません。

内容として面白く、自分と関係のある興味を引く話をすれば、教員が注意などしなくても、子どもたちは真剣に耳を傾けます。そこで騒いでいる生徒がいれば、生徒同士で注意もするようになります。

6　ルールを見直す

公立学校という組織は、10年もすれば、ほぼすべての教職員が異動で入れ替わります。そのため、誰が何のために作ったか分からない仕組みやルールが、至る所にあります。

例えば私が麹町中学校に赴任した当初、自転車を駐輪できるスペースがあるにもかかわらず、「保護者は自転車で学校に来てはならない」という規定がありました。誰が何のために作ったルールなのか、まったく意味不明です。長く麹町中にいる教員に聞いても分かりませんでした。私は保護者からの要望を受けて規定をすぐに変更し、自転車で学校へ来ても構わないようにしました。

こんなこともありました。冬にセーターを着てきてもよいにもかかわらず、「授業中、セーターを一番上に着てはいけない」というルールがあり、生徒たちはそのルールを守るために、セーターを着るときは、その上に学生服を着ていました。まったく意味がない規定です。また、生徒がプール授業の後に、髪を乾かすために「タオルを頭や肩に巻いてはいけない」というルールもありました。生徒たちは服をびちゃびちゃにしながら授業を受けていました。私は、「今日から変えましょう」と先生たちに言って、そのルールをすぐにやめさせました。

本来なら、こうした不要なルールや仕組みは時代とともに、常に見直していく必要があります。しかし、学校という組織はとかく硬直的で、前例踏襲に陥りがちな側面を持っています。結果として、意味不明なルールが、何年も残り続けたりしがちなのです。

話は変わりますが、教育行政においても同様のことがあります。

例えば、学校に勤務する非常勤講師は、受け持つ授業時間で給与が計算されるため、授業以外の校務を受け持つことは一般的にありません。当然、学級担任や部活動を任されることもありません。この点については、「給与制度を考えれば現状のままで仕方がない」と多くの関係者が受け入れています。

しかし、非常勤講師は教員採用試験の合格を目指す「浪人組」であることが多く、講師として働きながら、次年度の試験に備えています。教員を目指しているのだから、担任や部活動を経験した方がよいに決まっています。

加えて、教員採用試験では、面接や小論文試験などがあります。ここでは、受験者の教師観や教育観が問われ、教員としての実践経験をどれだけ持っているかが問われます。その点で、授業しかできない（担当させてもらえない）非常勤講師という立場は、本人にとっても貴重な学びの機会が奪われることになっています。

学校としても、やる気のある非常勤講師に、学校の教育活動に深く関わってもらえることの意義は大きいのです。このジレンマを解消すべく、私は区の教育委員会に掛け合い、区の非常勤講師が授業以外の校務にも関われるように、規定を変えてもらいました。その結果、非常勤講師が生徒たちと触れ合い、指導する場面が増えました。彼らにとってはもちろんのこと、学校にとっても、良い影響がもたらされました。

こんなこともありました。私が新宿区教育委員会の指導課長をしていたときに、ある学校の事務職員組合から「補助員を雇う予算を増額してほしい」との提案がありました。現状の人員では仕事がこなしきれない時期があるというのが、主たる理由でした。しかし、要望を受けて各校に予算を付けてみたところ、予算の執行率はまちまちで、学校によってはむしろ、消化しきれていないケースもあったのです。

同時期に、養護教諭部会からも、「健康診断のある繁忙期に、非常勤職員を雇う予算を付けてほしい」との話がありました。また、副校長会からも、「校務をサポートするスタッフを雇う予算を付けてほしい」との依頼がありました。

そこで私は、それぞれの要望について担当する課が別々だったので、それぞれの課と調整し、一つにまとめ上げて、その予算を学校単位で配当し、学校が個々の実情に応じて、柔軟に活用できるようにすることを提案しました。そうすれば、ある学校は事務職員を雇い、ある学校は校務をサポートするスタッフを雇うといった形で、学校の実情に応じ、最適化された措置が講じられると考えたからです。結果として、執行率は上がりました。

日々の仕事においては、そのルールや仕組みが何のために存在するのかを最上位目的に照らして常に問い掛けることが大切です。また、問題があるときに、その本質を見極めて、優先順位を付けて、迅速に対応することがとても大切です。

区教委の指導課長をしていたときに、よく言っていたのは、こういったことです。

何か問題があったとき、教育委員会は学校を支援しなければならない。作った制度に縛られるのではなく、学校を支援するために変えなくてはいけないことがあれば、制度そのものを作り替えるのが教育委員会の仕事だ。その際に、考えるべき優先順位は、①子どもたちのため、②保護者のため、③区民のため、④学校や教職員のため、であり、最後に、

⑤教育委員会のため、が来る。そこを間違えてはいけないと話していました。

7 「問題」は作られる

教育の世界では、子どもの「問題行動」について語られることがあります。「小1プロブレム」など、新しい言葉が次々と生まれ、文部科学省では解決に向けた対策を講じます。しかし、「小1プロブレム」などの言葉は、「小1はこうあるべきだ」と専門家が一定の理想を掲げ、その理想から外れた子どもたちがいると使っている言葉です。学校教育では大人たちが「問題」と捉えるからこそ、それが「問題行動」と見なされてしまうことがたくさん見られます。頭髪、服装指導、不登校が「問題」だと見なすことで問題になってしまうことと同じです。個の発達の特性に視点を置けば、そもそも問題ではなくなるのではないでしょうか。

「不登校」にしても、ベースに「学校へ行くのが当たり前」という価値観があるから「問題」と捉えられているのであって、学校が大人になるための一つの手段にすぎないという考えが普通になれば、「不登校」という言葉すら存在しなくなるでしょう。

ある行動を「問題」だと言わなければ、それは問題にはなりません。そういった視点で子どもたちを見ていくことが大切です。何かができなかったとしても、それは、その子にとっての発達の一つの場面での状況であって、周りの環境を少し変えるだけで解決できることがあります。子どもの発達は、それぞれです。じっと座っていられないのが問題だとする「小1プロブレム」も、椅子を変えてみたり、座る場所を変えてみたり、座っている時間を変えたりすることで、全然問題ないということがあります。むしろ、「座っていなさい」と叱られることで損なわれる自己肯定感について私たちは考える必要があります。大人が作り出した問題（それは「幻想」かもしれません）で、子どもたちや、それを守らせようとする大人が疲弊していくのは残念なことです。

この点を強く認識させてくれたのが、森俊夫氏と黒沢幸子氏の書籍でした（『森・黒沢のワークショップで学ぶ 解決志向ブリーフセラピー』ほんの森出版）。この本には、日常生活で役立つ多くの知見が盛り込まれていますが、中でも印象的だったのは、ある中学3年生の女の子とその母親の会話です。

かいつまんで説明すると、ある日、女の子が家で食事をしているときに、母親が「どうしたの？ 食欲ない？ 具合悪そうだけど」と聞いてきます。その女の子は、そんなふうに感じていなかったので驚くのですが、その言葉を受けて「ひょっとしたら、いつもより少し食欲がないかも」と返します。すると、母親は、「何かあった？　友達に何か言われた？」と、さらに追及してくる。そのうち、女の子は「そういえばAちゃんに◯◯と言われた、先生にも◯◯と言われた」、と嫌なことを次々と思い出し、本当に気持ちが悪くなって、トイレへ駆け込んでしまうという話です。

このエピソードに類する話は、至る所にあります。「忙しいでしょ。疲れている？」と言葉を掛けるうちに、元気をなくしてしまう子どももいれば、「受験勉強、大変だね」と繰り返し言われる中で、プレッシャーに潰されてしまう子どももいます。つまり、大人が取るに足らない問題を取り上げ、言葉にしてしまうことで、問題となってしまうことがあるのです。

実を言うと、著者のお一人である森俊夫さんとは30代の時に研修でお会いし、上述のエピソードを直接お聞きしたことがありました。森さんは私より少し年齢が上でした。残念ながら、最近お亡くなりになられましたが、森さんの研修を受けたときの高揚感は今でも忘れられません。この視点で考えれば、学校教育で起こっている、いろんなことが変えられる。あんなこともできる、こんなこともできると、興奮して一週間ほど、十分に寝付けなかったほどです。

大人が良かれと思って掛けた言葉で、子どもは救われることもあれば、追い込まれることもあります。何かと子どもに手を掛けてしまいがちな現代社会において、特に意識しておくべき心得だと思い、いつでも若手教員に紹介できるように、校長室には森さんの本を常に置いています。

第3章

新しい学校教育の創造

生徒が、社会の中でよりよく生きていけるようにする――この最上位目的の下、麹町中学校では、教育活動を見直した上で、新たな取り組みを構築してきた。ここでは、私が赴任してから現在に至るまで、5年間にわたって導入・実施してきた教育実践の数々を紹介する。

1　未来を生きる子どもたちに必要な力

第2章で、カリキュラムとは、子どもたちが「社会の中でよりよく生きていけるようにする」ために学ぶ内容であり、社会において必要な知識や技能を念頭に置くべきだと説明しました。

現在、国においても教育のあり方についての検討が始まっており、麹町中も、今年度新たに、経済産業省の事業である「未来の教室」とＥｄＴｅｃｈ研究会実証事業でＡＩ（人工知能）を活用して個別学習を行うなど、さまざまな取り組みを行っているところです。

未来においては、こんな授業があってもよいと思っています。

教室に教員と生徒たちがいる。生徒たちの前には、1人1台のタブレット型の端末。教室には無線ＬＡＮが整備されていて、端末を使えばインターネットに接続ができる。

教員は生徒たちに、こう切り出す。

「今日はゲームをしましょう。皆、○○をダウンロードしてください」

生徒たちは、そのゲームをダウンロードすると、続けて教員はこう話します。

「今日の50分間と、次回の50分間は、とにかくゲームをやり込みましょう。それでは、始めてください。」

その後、生徒たちはひたすら、ゲームに取り組む。次回の授業も同じ。タブレット端末に向き合い、ゲームの世界に没頭する。

おそらく、今、こんな授業をやっている中学校は、全国のどこを探してもないと思います。もちろん、本校においても実施しているわけではありません。ゲームを制作している専門学校や大学などではすでにある光景かもしれませんが、もし中学校で、こうした授業を何の説明もなく行えば、「生徒たちを遊ばせているだけ」「教育を放棄している」などと、非難されるかもしれません。

もちろん、計2コマにわたってゲームをして、それで終わりというわけではありません。もし、ゲームを主題にした単元の授業を行うのであれば、3コマ目には、ゲームのどこが面白かったのか、どうすればもっと面白くなるかについて、グループ単位で話し合う展開などが考えられるでしょう。ゲームをやり込んだ生徒からは、活発に意見が出てくると思います。

さらに4コマ目では、このゲームがどのようにして作られているか、その仕組みについて話し合ったり、あるいは、ゲームの「改訂版」を考案させることも考えられます。最終的には、グループ単位で意見を集約し、タブレット端末を用いてプレゼンテーションをします。さらに後日、そのゲームの開発者をゲストティーチャーとして招き、開発に至る経緯などを話してもらってもよいでしょう。ゲーム好きの生徒たちは、目を輝かせながら話に聞き入るのではないでしょうか。

これは架空の事例ですが、ゲームに限らず、こうした実践を通じて、私は生徒たちが実社会で役立つ力を身に付けられると考えています。「モノづくり」をする上で、アイデア出しはどのように進めていけばよいか、チームにおいてどのように合意形成を図っていけばよいかなど、大人が行っている仕事のプロセスを体験できるからです。

とはいえ、こうした授業を今、実際に行えば、対象が「ゲーム」であるため、周囲から批判を受ける可能性もあります。これが、もし「歴史」や「文学」、「動物」等を題材とする授業だったとしたら、2コマ分を使って生徒たちが没頭していたとしても、批判する人はいないでしょう。

しかし、この実践の目的を「商品開発のプロセスを学ぶこと」に置くとしましょう。生徒たちが真剣に取り組むための題材として「ゲーム」を持ってきたとして問題になるでしょうか。いまやゲームは、娯楽にとどまらず、実用的な分野でも活用されています。

誤解されないように言っておくと、私自身はゲームが好きでもないし、得意でもありません。しかし、昨今の生徒たちの多くが、スマホを用いてアプリやゲームに興じていることは知っています。そして、今後、こうした社会的な環境はますます発展することも予測されています。だから、それを題材として利用するのが、目的達成の手段として、事例としてあり得ると考えたにすぎません。

もし、この4コマ、もしくは5コマの授業を実施するとすれば、教科・領域で言えば、「総合的な学習の時間」が考えられます。これは、2002年から導入されたもので、中学校では週2コマ程度行われています。教科書はないので、先ほどのような題材を用いても、学習指導要領から逸脱するといったことはありません。

地域や学校の実情を踏まえた力を育みたいと考えたときに、「総合的な学習の時間」をどう活用するかが、鍵を握っています。どのような力を育てたいかの視点を見直せば、国語や数学など主要教科で学んだことも相まって、適切に生かす力も身に付けられます。

それでもやはり教師が忘れてはいけないのは、学習指導要領にどう当てはめるかを考えることよりも実社会を見て、これからの時代を生きていく上で何が必要な力なのかを考え、授業の中身を組み立てることです。教員には、そうした柔軟な発想が求められます。

ＡＩの発展に象徴されるように、社会は凄まじいスピードで変化しています。自動運転がニュースになる昨今は、10年先はおろか、５年先でさえ、先行きを見通すことが難しい時代です。

学習指導要領については第２章でふれた通りですが、今の世の中にとって必要なものは何か、本質を見極めて、生徒が身に付けて、生涯を通じて、生きて働く力となる価値があるものを授業の中で、取り組んでいくことです。

麹町中では、教科以外のカリキュラムについては、企業や大学、民間企業と連携して協働しながら実践しています。これは民間企業などと一緒に授業を行えば、常に修正が加えられ、「時代遅れ」にならないからです。産業界等で、世界を相手に戦っている大人や、ビジネスの最先端で活躍している素敵な大人にも来てもらい、生徒に話をしてもらっています。

大切なのは、既存の枠に捉われず、また、常識やタブーに捉われることなく、未来を生きる子どもたちに何が必要なのかを見据え、教育を考えていくことです。

2 社会とシームレスな問題解決型カリキュラムづくり

具体的に麹町中が、どのような教育実践を展開しているかを紹介します。

すでに、定期考査の廃止とそれに伴う単元テストの実施などは紹介しましたが、それらは実践のごく一部にすぎません。具体的な実践を知ってもらえれば、本校がどのような子どもを育てたいと考えているのか、その結果として、どのような社会になるとよいと考えているのかが、お分かりいただけると思います。

……とはいえ、少しここで言い訳めいてしまうのですが、実は、麹町中においても、授業は昔ながらの一斉講義が主流です。教科以外の行事や特別活動などでは、社会を念頭においてリニューアルをしていますが、本当は、授業スタイルこそ変えていかなくてはいけないと考えています。

これからの社会でどのような資質能力（＝コンピテンシー）が求められるのか、それを踏まえて、どういった学び方がよいのかを選ぶことが重要です。

「非認知スキル」や「コンピテンシー」は、近年、話題になることが増えてきました。これらはとても重要な力であり、経験を通してしか身に付かず、しかし、一度身に付けると、その力は人生において繰り返し発揮してくれるものです。

これらの力については、企業では20年ほど前には関心をもって研究されてきました。私も２００１年に、当時のＳＯＮＹの人事課長に会いに行き、人材採用や育成で「コンピテンシー」について注目しているという話を聞き、刺激を受けたことを覚えています。

学校においても、生徒にこうなってほしいと願う姿（＝コンピテンシー）を明確にしなければ、適切な「手段」を取ることはできないと考え、何か、「ものさし」となるものはないかと探していたところ、２００３年にＯＥＣＤ（ＤｅＳｅＣｏ）がまとめたコンピテンシーを日本の国立教育政策研究所が紹介していたものを見つけました。これが比較的使いやすいものであったので、それを元に、「麹町中の目指す生徒像」（表１）を作成しました。見て分かる通り、これらは子どもたちだけのものではなく、私たち大人自身も日々の仕事の中で学び続ける力でもあります。教員にとって、こうした言葉があると、子どもたちに意識付けをする際に、明確な言葉として使うことができます。

表１の「目指す生徒像」そのものは麹町中に赴任した年の７月には作り上げていたので、その後の麹町中での取り組みを踏まえて、今は改訂する必要を感じています。例えば、７番目の文章の中にある「目標を達成するために」は、達成のために合意形成が必要なので、「合意形成をするために」がよいのかもしれません。また、「創造性」も大切な要素ですが、

表1　麹町中の目指す生徒像

①様々な場面で言葉や技能を使いこなす ②信頼できる知識や情報を収集し、有効に活用する	A　言語や情報を使いこなす能力
③感情をコントロールする ④見通しをもって計画的に行動する ⑤ルールを踏まえて建設的に主張する	B　自分をコントロールする能力
⑥他者の立場で物事を考える ⑦目標を達成するために他者と協働する ⑧意見の対立や理解の相違を解決する	C　多様な集団の中で協働できる能力

この8つの中では、それがうまく位置付けられていないという課題があります。これについては検討を重ねています。

さて、どうやってこれら8つのコンピテンシーを育んでいくかが、次の課題です。これらコンピテンシーを身に付けるためには問題解決型のカリキュラムが必要です。

麹町中では、「社会とシームレスな問題解決型カリキュラム」として、図1のような流れを持つものとして、中学校1年生から3年生までを見通したカリキュラムを組み上げていきました。

①～⑬の順序は、中学1年の入学から中学3年の卒業に至るまでの時系列の順番になっています。ちなみに、私が校長として赴任する以前から行われていたのは⑬の「模擬裁判」のみで、その他は、問題解決型のカリキュラムとなるように新たに作り上げたものです。すべてを

図1　社会とシームレスな問題解決型のカリキュラムの配列

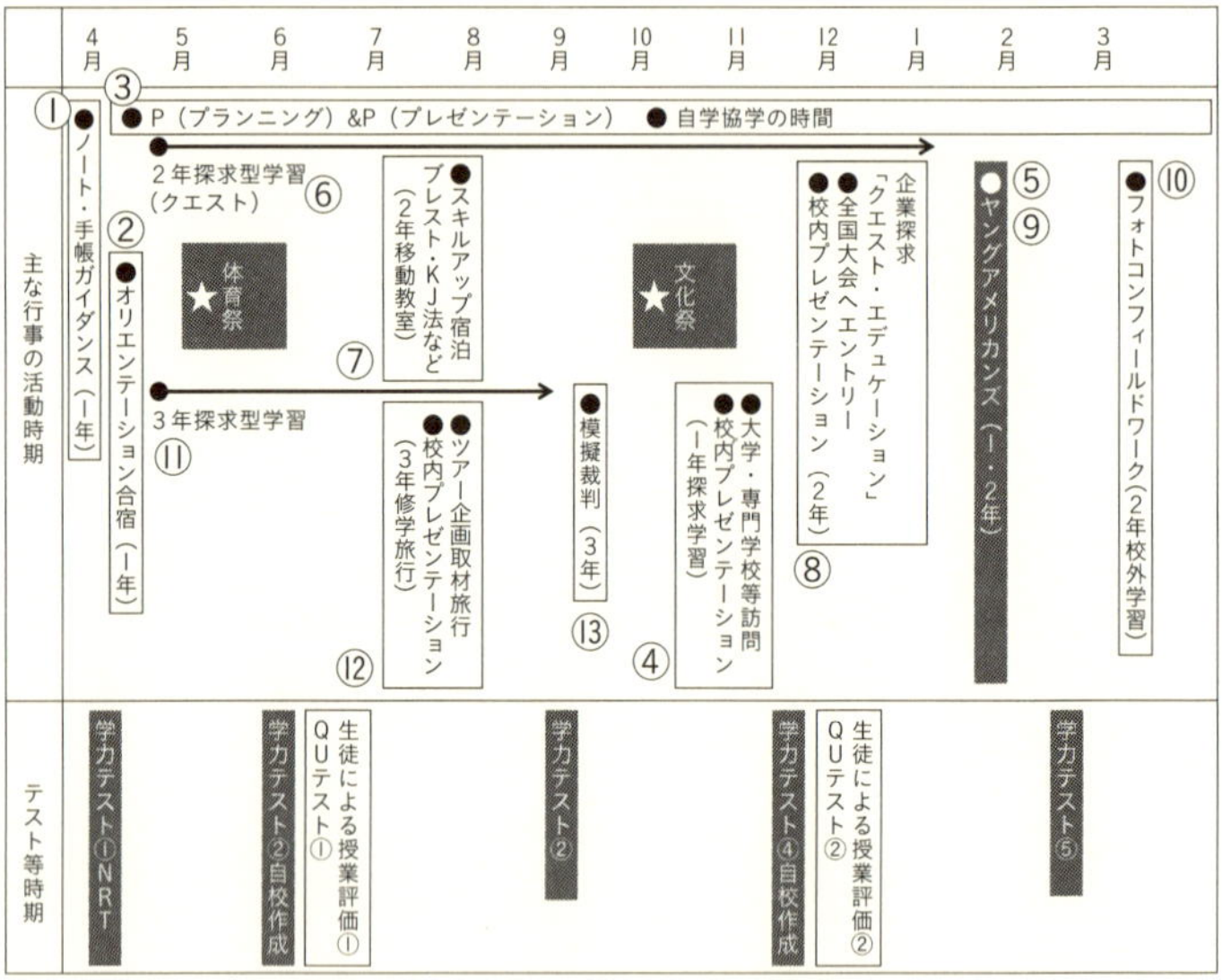

生徒たちが社会で必要とする問題解決型の行事や取り組みなどで配列しました。

これら教育実践を貫くテーマは、リアリティのある「社会とシームレスなカリキュラム」です。

チームで問題解決を行うことには難しさがあります。当然、対立が生まれますし、対立が起こればイライラすることもあるでしょう。そこでは、自らの感情をコントロールすることも重要です。これら一連の過程を通じて学んだコンピテンシーを言語化して、「メタ認知」として生徒が考え方を理解し、自分のものとして使えるようにすることが大切です。

これまでの学校教育では、教師自身が適切な場面に適切な言葉で、生徒が身に付けた力を価値付けたり、位置付けられてこなかったために、「みんなで頑張った」といった情緒的な言葉で、単なるサクセスストーリーとして終わらせてしまったり、感動的な青春ドラマのような形にまとめられていたりしていたように思います。

そのような意味付け程度では、将来、課題が生じたとき、「あのときは仲間がいたけれども、今はいない」「環境が違うから解決できない」と、周りのせいにしてあきらめてしまう人間しか育たないと思います。

3 ノートの取り方（フレームワーク）で学びが変わる

13の取り組みのうち、生徒が最初に学ぶのは、中学入学後すぐに行われる「ノート・手帳ガイダンス」です。中学校生活の土台となる「ノートの取り方」や「手帳の付け方」をフレームワークで学ぶものです。

その前に前提として、自律を目指している麹町中では、「見返すことがないのであれば、ノートは取らなくてもよい」とも話しています。これは、見直す自分を意識するということです。発達の特性によっては、文字を書いたり、読んだりすることが苦手な生徒もいるので、集中して先生の話を聞くことで授業内容を理解するのが得意なら、それでもまったく構わないし、別の方法で学ぶことができるのであれば、それでよいということです。

さて、その上で、ノートの取り方については、「黒板を写す」のが日本の学校では主流となっています。しかし、黒板をただ書き写すだけでは、「書き写す」ことが目的となりがちで、その間の思考がほぼ停止状態になることがあります。当然のことながら、後になってノートを見返しても、きれいな文字が並んでいるだけです。

ノートを取るのは、書くことが目的ではなくて、「後で見返し、学んだことを定着させること」が目的です。だからこそ、自分の頭で考え、「気付いたこと」や「まとめ」を書き込むプロセスが不可欠となってきます。

その点を踏まえ、麹町中ではノートに「フレームワーク」を導入しました。ノートに「枠」を作り、そのいくつかの枠に区切られたフォーマットを、ノートづくりに活用することにしています。

生徒たちが使うのは方眼ノートで、そこに線を引き、「ねらい」「結論」を書くスペースを左上に作ります。右ページには「気づき」「疑問」「まとめ」「行動目標」、そして「要約」を書くスペースを作ります（図2）。これを見て分かるように、生徒たちが主体的に思考しながら、ノートを作り上げていくような構成になっています。これはただ黒板を写す形ではなく、自分だけのオリジナルな思考を深める仕組みになっています。

授業中、生徒たちは気付いたこと、疑問に思ったことなどを、所定のフレーム内に書き込んでいきます。そして最後に、授業で学んだことを要約し、結論をまとめます。このプロセスは、従来型のノートでは扱ってこなかったものです。

ノートは一人ひとり異なってきます。そして最後には、自分だけの参考書ができあがるのです。自身のこれまでの思考活動が形となって残されたものなので、後で見返せば授業での学びが再生され、効率的に復習することができるようになっています。

このノートの導入により、講義型の、いわば受け身の授業であるにもかかわらず、授業に臨む態度が格段に主体的になるなどよくなりました。どの生徒も、「自分だけの参考書」を作るのに夢中になり、教科を問わず授業の質が高まったと思います。ノートを使って、未来の自分に語り掛けるという生徒もいます。

「フレーム」を導入したことで、教員の授業も変わりました。授業の目的やポイントを押さえるようになりました。教科書に沿った形で進めていたものが、生徒たちの思考の深まりを意識して、授業を組み立てるようにもなりました。生徒のノートの取り方や構造を変えたことで、教員の授業改善が図られたのです。

こうして効果が目に見えるにつけ、「フレーム」に対する教員と生徒の熱も高まっていきました。しかし、思わぬ事態も出てきました。生徒が作ったノートを回収して、「A」「B」「C」で評価しようとする教員が出てきたのです。私はやめるように言いました。

ノートを評価してはいけません。ノートづくりの目的がすり替わってしまうからです。教員が評価するとなれば、生徒の中には「教員に褒められる」ことを目的とした、「きれ

図2　麹町中学校のノートの基本フレーム

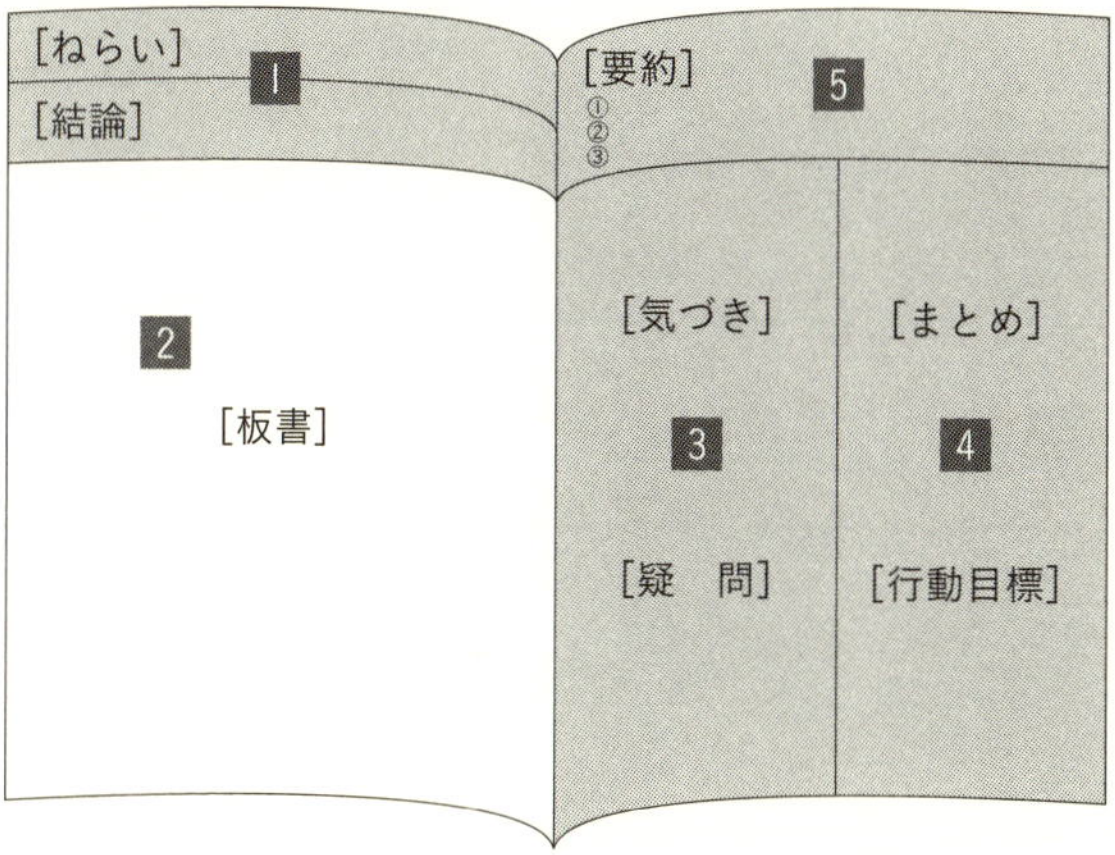

いな」「他人に見せるための」ノートづくりを始めることがあるかもしれません。しかし本来ノートは、自らの思考を深めるためのものです。そして、後で振り返ることによって理解を深めていくためのものでもあります。先生に見せることが目的になってしまうと、せっかく作ったノートが本来の機能を果たせなくなってしまいます。

ところで、ノートづくりにおける「フレーム」の活用は、一部の学校ではすでに行われており、私自身も知っていました。これを導入しようと思ったのは、赴任した年の夏休みに、『頭がいい人はなぜ、方眼ノートを使うのか？』（かんき出版）という本を読んだことがきっかけでした。「これだ！」と思った私は、著者の高橋政史さんに連絡を取り、麹町中へお越しいただいて、お話を伺いました。

その後は、トントン拍子に話が進み、本校における「フレーム」の導入を全面的に支援していただくことになり、そして、各教科の教員と高橋さんとの間で話し合いを重ね、麹町中独自のフレームを作り上げ、私の赴任2年目から導入することとなったのです。

高橋さんには、導入4年目を迎える現在も支援していただいており、4月のガイダンスではフレームの活用方法や意義などをプレゼンテーションしてもらっています。

4 生徒たちが「手帳」でスケジュール管理

手帳についてもノートと同じく、私の赴任2年目から取り入れました。

実社会に出れば、スケジュール管理の大切さを痛感します。しかし学校では、スケジュール管理の意義や方法をほとんど教えてはくれません。

とはいえ、生徒たちにスケジュール管理の意義を理解してもらうのは、なかなか容易ではありません。学校には「時間割」という強力なスケジュール管理の枠組みがあり、それが教室の前などに張り出されて、学校はそれに従って動いているからです。

私は、手帳の使い方を教える際、初めに生徒たちにこんな話をします。「忘れ物をしないよう、手にサインペンやボールペンで何か字を書いたことのある人はいる?」すると、8割くらいの生徒の手が挙がります。勘が良い生徒は、この話を続けていくと、手帳にメモをすることが、その延長線上にあるものだと気付いてくれます。

世の中において一流と言われる人たちは、「ルーティン」を持っているものです。これは、自分を知り、コントロールする術のことであり、それを自ら考えて実行することが大切です。スケジュール管理の方法はまさにこれです。自らの行動を工夫して、よりよく社会を生きていく力を付けてほしいと思っています。

今から30年ほど前、私がまだ駆け出しの教員だった頃、勤務校で生徒たちに「学習計画表」を作らせていました。生徒たちはそこに、日ごとの学習時間(実績)を記入し、担任に提出します。担任教員はそこに検印し、生徒に戻すというのが、具体的な使われ方でした。

しかし、当時から私は、そうした学習計画表の存在意義に疑問を持っていました。学習時間の実績を記入させることに、果たして何か意味はあるのでしょうか。

学習時間の実績を書けば、「これだけやった」という満足感が得られるかもしれません。

しかし、実社会において、自分の勤務時間を手帳に書き込み、「よく働いた」と満足感を得る人はあまり多くないと思います。

そうした問題意識から、まだ若手教員だった私は、学習計画表のフォーマットに一工夫を加えてみました。テスト前1週間分の「フリーの時間」を書き込ませるようにしたのです。

「フリーの時間」とは、帰宅してから就寝するまでの時間のうち、食事や入浴などの生活時間を抜いた「自由に使える時間」のことで、これを計算して明らかにするだけで、生徒たちの意識は大きく変わりました。自分の持ち時間、つまり、テスト前の勉強に使える時間が可視化されたことで、どの教科をどれだけ学習するかを考えて、見通しを持って学習計画を立てるようになったのです。

もし、「フリーの時間」を出さずに、「学習目標時間」だけを書かせてしまえば、生徒の中には根拠のない数字をとりあえず書き込んで、結果的に、テスト直前になって徹夜するなどの無理を重ねてしまう生徒も出てきてしまいます。これでは、何のための学習計画表だか分かりません。

現在、本校で使っている手帳は、およそ中学生向けとは思えないビジネス手帳です。手帳の活用は、私立中学校などでも行われていますが、麹町中で使っているようなシンプルな手帳を使っている学校は、珍しいと思います。

もちろん、入学してきたばかりの中学1年生に、手帳をただ配布して「明日から使いなさい」と言っても使いこなすことはできません。そのため、入学後すぐに行われる「オリエンテーション合宿」の中で手帳ガイダンスを行い、手帳の書き方のみならず、これを活用することのメリットなどを分かりやすく説明しています。

麹町中では、手帳もノートと同様、教員が回収して評価するようなことは行っていません。ノートと同じく、先生に提出するために手帳をつけるようになれば、そもそも目的が違ってきます。手帳はあくまでも、自律のためのツールです。

本来は、さらに手帳のフレームのどこに何を書くのかも、生徒自身が考えて、工夫して決めていくものだと思います。自分の特性を知り、コントロールして工夫するプロセスそのものが生徒にとっての大切な学びです。現在もよりよい手帳に向けて研究を重ねています。

5 明確な目的を持った宿泊研修

入学後まもなく、麹町中の1年生は、先述した2泊3日の「オリエンテーション合宿」に参加します。「オリエンテーション合宿」は、私立中学校などでは実施している学校もあると思いますが、公立で実施している中学校はあまりないと思います。そのため、あまりなじみのない行事かもしれません。

私立中などの「オリエンテーション合宿」では、「規律」を養うために、学校生活の心得などを指導するケースがあるとも聞きます。あるいは、「学習の土台づくり」のために、学習方法を指導したり、実際に勉強をさせたりするケースもあるそうです。

しかし、そうした指導は、本校の「オリエンテーション合宿」では行いません。「規律」を養うことや、「学習の土台づくり」を行うよりも、もっと大切なものがあると考えているからです。

それは、教員と生徒の信頼関係を築くことです。言い換えれば、子どもたちが持っている、学校や大人への不信感をゼロに戻すことでもあります。

中学生の多くは、小学校から環境も変わり、不安や緊張を抱えて、心のどこかで大人(=教員)に警戒心を持ったりするものです。中には、大人に対する信頼感を持つことができていない生徒もいます。教師との信頼関係がない中では、決して前向きに学校生活を送ることはできません。

「オリエンテーション合宿」では、教員と生徒との信頼関係づくりを促すための活動が、2泊3日の間に数多く盛り込まれています。具体的に、チームで協力し合うアウトドアでのゲーム、グループエンカウンター(グループを作り、本音で話し合う体験を行う)などが行われます。全体会では生徒たちに対して、説教のような話はせず、教員も「叱ること」より「褒めること」を意識しながら生徒たちと交流します。

「オリエンテーション合宿」を通じて、生徒同士の関係性も作られていきますが、その点では2年次の7月に行う「スキルアップ宿泊」の役割も大きいものがあります。山梨県の西湖の畔の宿泊施設に出向き、2泊3日の間、徹底してグループ活動を行います。壮大な豊かな自然の中で、ホテルに缶詰めになって、提示されたミッションに取り組むのです。

この行事の目的は、一般的に掲げられる「仲良くなること」「絆を深めること」などではありません。むしろ、対立が起きることを自覚することが目的の一つとなります。一人ひとり、さまざまな感じ方・考え方があり、複数の人たちが一つのアイデアをまとめたりすることはたやすいことではありません。意見がぶつかれば、大人でさえ、イライラすることがあります。こうした現実を受け止め、解決していくスキルを徹底して学ぶのが、この宿泊の目的です。

私たちは、さまざまな人がいる多様な社会の中で生きています。

2018年度は、「私たちが世界を変える　麹町中学校発、未来をデザインするハッピープロジェクトを提案せよ！」というテーマの下、2年生約130人が4、5人ずつのグループに分かれて、プロジェクトの提案に取り組みました。

その過程では、タブレット端末を活用しながら情報の収集・分析を行い、討議の際には「KJ法」（カードや付せんをグループごとにまとめて図解し、討論などにまとめていく）などの討論手法、「マインドマップ」（メインテーマを中心に置き、それに関連するものを放射状に書き出していく）などの思考ツールを用いいました。

生徒たちは、繰り返し対立が起こる中、異なる意見を一つに集約するにはどうすればよいか、必死で知恵を絞ります。途中で、意見がぶつかり合う葛藤やいら立ちにも直面したようですが、同時に、そうした感情をコントロールすることの大切さも学びます。いずれも、実社会で必要とされるスキルです。

この行事には、12人の大学生も同行し、生徒たちの活動を支えてもらいました。彼らは、事前に研修を受けており、先述した討論手法や思考ツールの活用法、研修の目的や意義などを理解してもらっています。

2日目の午後には、グループ単位での発表をクラス内で行い、さらにはクラス代表となったグループが全体発表を行いました。多くの対立や葛藤があった中で、生徒たちは一つのプロジェクトをゴールさせることの難しさ、複数人でアイデアを出し合い、それをまとめあげていくことの意義などを学びます。

この行事を通じて、生徒の様子は大きく変化します。教員に反発しがちな生徒がクラスのリーダーとなったり、無口で控えめだった生徒が自らプレゼンテーションしたりするようなこともあります。

思考ツールが、思考を整理したりまとめるだけでなく、感情をコントロールする方法として有効であることや、物事を一つに決定していく際には、折り合いをつけたり、多数決で決めるのではなく、最上位の目的に向けて、対話を繰り返し、合意形成を図ることが重要であることを学びます。

その点で、この合宿は、麹町中の生徒として歩み始める重要な行事であり、この合宿を通じて、生徒たちは劇的に変わり、大人になります。

対立は当たり前、もしそこに対立があれば、対話を通じて合意形成を図ることで、生徒が自らの言葉で話せるようになることが合宿のねらいです。

6 旅行会社とのタイアップによる企画型の取材旅行

宿泊行事の中でも修学旅行は、中学生活における最大の行事の一つです。

入学後まもない時期から、修学旅行の積立金を集金するなど保護者の負担も大きく、教員も事前に下見に赴くなど、準備に相応の時間を要する行事です。それだけに、学ぶ意味があるものにしなければならないと考えます。

修学旅行の最もオーソドックスなパターンは、2泊3日で観光地や名所を訪れるものです。関東地方の中学校ならば、京都や奈良などの寺社仏閣を回る学校が大半を占めると思います。

しかし、私はかねてから、そうした修学旅行のあり方に疑問を持ち続けてきました。決められた場所を決められたタイムスケジュールで回り、帰ってきた後は、班ごとに「修学旅行新聞」を作ったり、個人の旅行アルバムなどを作ったりする。そうした作業に、何か生徒にプラスになることがあるのだろうかと思っていました。つまるところ、自治活動の延長線上にあると捉えて、協力や団結、集団行動の練習を行うという目的になりがちでした。

修学旅行に、何か真の「目的」を持たせることはできないだろうか――そう考えていたところ、一つのアイデアが浮かび、近畿日本ツーリストの支店長に電話をして相談しました。その支店長はとても「熱い」方で、有難いことに、とても熱心に話を聞いてくれました。支店長と話をしていく中で、アイデアがまとまってきました。生徒たちに、旅行の「参加者」ではなく、「企画者」になってもらうのです。

旅行の「企画者」と言っても、それまでにあったように、企画側に入って、旅行会社と旅行で何をするかというメニューを決めるといったことではありません。麹町中の生徒が旅行会社の社員になったと想定して、京都・奈良への「ツアー企画」を企画・考案し、2

泊3日の修学旅行をその「取材旅行」と位置付けて実施するというものです。

この取り組みを進めるに当たっては、旅行会社に全面的に協力してもらい、まずは出前授業を通じて企画の内容と趣旨を説明してもらいました。さらには、ツアー企画を実際にどうやって作っていくのか、企画の立て方や現地取材の方法などを説明してもらいました。

そうした事前学習の後、生徒たちは4、5人のグループ単位で、ツアー企画を検討します。その際には、どんな人たちをターゲットとしたツアーなのか、対象の年齢や性別などを明確にした上で、取材旅行が楽しく有意義なものになるようにします。

2泊3日の取材旅行では、生徒たちは自分たちが考案したツアー企画の内容に基づき、京都・奈良の目的地を精力的に回り、お店の人や町の人への聞き取り取材を行い、パンフレットに掲載するための写真を撮影します。取材先は、清水寺や伏見稲荷、東大寺などの観光名所から、やや穴場的なスポットまで、実にさまざまで、毎年本当に面白い企画が提案されます。


生徒たちには、予定の帰着時間までに宿泊施設へ戻るよう伝えていましたが、取材を欲張り過ぎた結果、少し遅れて戻ってくるグループもあります。普通なら叱られる場面だと思うのですが、麹町中では重要な問題だとは捉えていません。遅れるのであれば、「遅れます」という連絡をくれればよいのですから。

京都・奈良への取材旅行から戻ってきた生徒たちは、その後、旅行会社のデザイン・編集担当者による出前授業を受け、パンフレットの具体的な作成方法を学びます。その後、グループ単位でパンフレットの制作を進め、最終的には旅行会社の社員の前で、プレゼンテーションを行います。

この取材旅行はスタートしてから3年目を迎えますが、毎年、生徒たちが作り上げるパンフレットはバラエティに富み、クオリティも高いものだと感じています。２０１８年度はＪＴＢと取り組んでいますが、その発表会で、旅行会社から「ツアー企画大賞」を受賞したのは、「一休み抹茶」という企画でした。多くの人が好きだけれども、旅行の目的にはなりにくい「抹茶」にスポットを当て、観光地の周辺で楽しめる抹茶処を紹介するというものです。また、「パンフレット大賞」を受賞したのは、「テレビ好きのためのロケ地巡りの旅」というパンフレットで、ドラマやＣＭに出てくるロケ地を回るというものでした。

パンフレットの作成を通じて、生徒たちが強く意識したのは、「誰かを楽しませるためには、どうすればよいか」ということです。

こうした他者意識は、生徒たちにとって、将来の社会を生きていく上で必須の力になるでしょうし、また、仕事に就いたとき、例えば商品やサービスを開発していく上でも、不可欠な視点となります。

このように、行事は目的を明確にした上で、実施する必要があると私は考えます。目的をはっきりさせないまま、「毎年度やっているから」との理由で漫然と実施している行事があるとしたら、廃止も含めて見直した方がよいと私は思います。

本校の2年生が3月に参加している「フォトコンフィールドワーク」という校外学習も、そうした観点から大幅にリニューアルを図った行事の一つです。以前は同時期に、ごく一般的な遠足が、3年次に行われる修学旅行の予行演習的な位置付けで実施されていました。しかし、それでは実施する意義が小さいと考え、テーマ性を持った行事へと変更しました。行先は神奈川・鎌倉で、生徒たちはグループ単位で市内を回り、持参したデジタルカメラでさまざまな写真を撮ります。後日、生徒たちは1人1枚のお気に入りの写真をプリントし、気の利いたキャッチコピーを添え、教室前の廊下に展示します。

「フォトコンフィールドワーク」の実施前には、プロカメラマンを本校に招き、上手な写真の撮り方についてレクチャーをしてもらっています。「建物を撮るときは、人を入れると大きさが分かりやすい」「人物を撮るときは、目線の高さを合わせるとよい」など、生徒たちは写真撮影の実用的なテクニックを学び、当日へのモチベーションを高めていきます。

「フォトコンフィールドワーク」自体は非常にシンプルな行事ですが、普通の遠足と異なるのは、生徒たちが明確な目的意識と他者意識を持って活動する点です。写真を撮って言葉を添えるという作業は、ＳＮＳで多くの大人たちが行っているような楽しさがあるものです。

実際、廊下に展示された作品を見ていると、映画の一場面を再現したものや、笑いをとろうするものなど、「観る人を楽しませよう」とする生徒たちの意思が伝わってきます。展示作品が面白いので、毎年、コンテストが始まると、多くの生徒が廊下に集まってきます。

7 答えのない課題に取り組む「クエストエデュケーション」

現在、日本全国のどの中学校でも、「職場体験」が実施されています。生徒たちが店舗や事業所に出向き、店員や職員に交じって仕事を体験するもので、いわゆる「キャリア教育」の一環として行われているものです。生徒と実社会をつなぐ取り組みとして意義深い取り組みです。

一方で、職場体験には課題もあります。まず、生徒たちが赴く職場によって、得られる成果の格差が大きいことです。職場体験の趣旨をよく理解してくれる職場に行けば、生徒たちは仕事に取り組む達成感や生きがい、そして喜びを覚え、将来の夢や目標を描くことができるでしょう。その一方でもし、十分に理解をしてくれていない職場に行けば、仕事や働くことについて、失望感を抱くことにもなりかねません。生徒たちが仕事にネガティブな印象を抱くことだけは避けなければなりません。

加えて、学校は、職場体験の前に、生徒に礼儀やマナーなどを教える事前指導に重きを置きすぎる傾向があります。働くことの喜びや働くことの大変さよりも、そのための規律・礼儀・忍耐がクローズアップされるなど、生徒に伝えたい優先順位が少しずれてしまっているように思います。

そんな折、縁あって、教育と探求社が主催する「クエストエデュケーション」を見学する機会を得ました。

表2 「クエストエデュケーション」における各企業の最終ミッション

企業名	ミッション
NTTドコモ	一人ひとりを見つめ、“本物のつながり”をカタチにした社会課題解決プロジェクトを提案せよ！
クレディセゾン	人類を一歩進化させる新しい技術と考え方を活用したクレディセゾンらしいプロジェクトを提案せよ！
大和ハウス	人々が生きる土台を育む大和ハウスの世界進出プロジェクトを提案せよ！
テレビ東京	人間の勇気を掘り起こすテレビとネットの枠を超えたありえへん∞メディアを提案せよ！
パナソニック	これからの家族の幸せをつくり出すパナソニックの新商品を提案せよ！
富士通	未来のデジタル社会で人間が人間らしく生きるために欠かせない富士通の新サービスを提案せよ！

（出典：教育と探求社）

「クエストエデュケーション」は、生徒が実在する企業の社員になったという想定の下、与えられたミッションを順番にクリアしていきながら、ビジネス上の課題にグループで取り組むものです。企業への模擬インターンシップと言ってもよいもので、全国で2万人近い中高校生が参加しています。

実は、すでに、次年度の職場体験の準備が進み、受け入れ先となる店舗や事業所への依頼も熱心な教員が進めてくれていたのですが、私はその教員に説明して、「クエストエデュケーション」への参加に切り替えることとしました。

2017年度は、NTTドコモ、クレディセゾン、大和ハウス、テレビ東京、パナソニック、富士通の6社が参画し、それぞれ表2のような、最終ミッションが提示されました。生徒たちはグループごとに、これら6社のいずれかに模擬入社した上で、提示されたさまざまな段階別のミッションに向き合います。活動期間はほぼ1年間にわたり、活動授業時数は麹町中では25コマ以上に及びます。

どのミッションも、企業のことを深く理解しなければ、スタート地点に立つことはできないものです。生徒に最初の方で提示されるミッションは、街頭でのアンケートです。歩いている人に声を掛けて、「この企業を知っていますか」とアンケートを取りながら、その企業の社会的位置付け、事業内容などを掘り下げていきました。その後も、次々と出されるミッションに応えながら、学びを深めていきます。最後に表2のミッションが提示されます。大人でも難しいミッションに取り組み、グループごとに企画提案内容をまとめ、最終的にはプレゼンテーションを行いました。

この過程では、「スキルアップ宿泊」で学んだ「KJ法」などの討議手法、「マインドマップ」などの思考ツール、プレゼンテーションの技術などが役立ちます。「クエストエデュケーション」は、中学2年の5月頃に始まり、1月頃まで続くのですが、その途中、7月に行われる「スキルアップ宿泊」は、「クエストエデュケーション」を進める際の中間トレーニング的な役割も担っています。

麹町中では、1月に校内でのプレゼンテーションを実施した後、全国大会にエントリーしています。２０１７年度は、グループの一つがクレディセゾンに認められ、本社を訪ねて、役員の前でのプレゼンテーションを行う機会を得ました。生徒たちの緊張は大きかったと思いますが、取り組みを通じて仕事の醍醐味を存分に味わってくれたのではないかと思います。

8 法律の存在意義を考える「模擬裁判」

法は私たち人間が作り上げていくものであり、裁判においても法が裁くのではなく、人間が判断し、判決を下すものです。

社会には多くの法律が存在しますが、それらはすべて社会集団の共生と相互尊重を目的として、私たちの先達が考えて定めたものです。それゆえ、時代が変わり、社会が変われば、柔軟に見直していく必要があります。そこでは常に本質的に大切なものは何かについて対話する必要があります。

麹町中では生徒たちに自治をさせる場面を増やしています。こうした活動では、「みんな違っていい」というキーワードの下、多様性を受け止め、自然と対立が起こることを学びます。「一人ひとりを大切にする」というキーワードの下、全員を尊重する中で物事を決定していくことの難しさを学んでいきます。そして、対話を通して、どのようなルール（法）を定めていくべきかということについて考えていきます。合意形成に至るまでの、この一連のプロセスは民主性・市民性を高めるための大事な学びです。こうした感性を養わないと、何か問題に直面すると「国が悪い」「組織が悪い」「周りが悪い」「時代が悪い」と安易に人のせいにしたり、自分で何とかしようとしない習慣が身に付いてしまいます。

法律やルールが自治の仕組みとして存在することを、より深く理解するために、麹町中では毎年10月に模擬裁判を実施しています。壇上で、弁護人や検察官、被告人、裁判官、裁判員、証人などを演じるのは、3年生の代表約20人。事前に、本物の刑事裁判を傍聴するなどして司法制度への理解を深めた上で、配役を決めて模擬裁判の練習を重ねます。実践を進めるに当たっては、日本大学法学部と日本法育学会が、専門的な側面から生徒たちを指導してくれています。

扱う事件の罪状はあらかじめ決まっていますが、法廷でのやり取りは基本的にその場の即興で行われます。台本は一切なく、有罪になるか無罪になるかも決まっていません。そのため、本番は緊迫感と熱気を帯びたものとなります。

被告人が、自らの潔白を真剣なまなざしで訴えたかと思えば、被害者の母親が自らの心情を話す。さらには、弁護士や検察官が自身の見解を理路整然と主張する。裁判員役の生徒は、そうしたやり取りを聞き、心を揺さぶられながら審理を進めることになります。その様子を他の生徒たちは傍聴人として固唾をのんで見守ります。

生徒は、事件の背景にある争点、加害者や被害者のみならず、その家族の思いや葛藤を感じています。壇上で役割を担った生徒も、客席で傍聴していた生徒も、法廷でのやり取りを通じて、さまざまなことを思うのでしょう。被告人の心情を理解する一方、社会秩序の維持という点から、厳罰を下さねばならない現実とも直面します。また、多様な意見が対立する中で、一つの判断を下すことの重みも感じることになります。

こうした葛藤、ジレンマと向き合うことは、生徒たちがよりよい社会を作り上げていく上で、貴重な体験になっていると考えています。

9 自己開示を促す「ヤングアメリカンズ」

子どもたちが抱える課題の一つに、間違いや失敗を恐れて、主体的に行動できないことがあります。「間違っているかもしれない」との考えが少しでも頭をよぎると、途端に立ち止まり、自らの考えを述べられずに黙り込んでしまう、そんなタイプの子どもがいます。脳神経科学の視点から見ると、異質なもの、新しいものに触れると、自己理解が深まり、挑戦しようというモチベーションが生まれるとのことです。これらは、安心・安全な環境の中で、失敗をしてもよいということがあると、促進されることが分かっています。

麹町中のカリキュラムを考えるに当たり、小学校6年生までに身に付いてしまった「失敗を恐れてしまう」ことを、なんとか、安心・安全な環境の中で、チャレンジするものに変えたいと考えていました。

そこで、2018年度から新たに取り組むことに決めたのが、「ヤングアメリカンズ」です。

「ヤングアメリカンズ」は、計3日間を使って子どもたちがミュージカルの公演に取り組む教育ワークショップです。主催するのは米国の非営利活動団体で、17~25歳の若者がいくつかのキャラバンに分かれて世界各国を回り、世界各地の子どもたちを指導・支援しています。日本においても、これまでにいくつかの自治体や私立学校が開催していますが、公立中学校単独での開催はおそらく麹町中が初めてだと思います。

開催のきっかけは、奈良県にある西大和学園中学校・高等学校の上村佳永学園長・中学校長（当時）が、視察で麹町中を訪ねてこられたことでした。その後、私が逆に西大和学園を視察させていただくことになり、たまたま同校を訪問した際に、「ヤングアメリカンズ」が開催されていたのです。

練習風景を見て、私は瞬時にその素晴らしさを感じ取りました。真面目な中学生が、中には、歌やダンスが決して得意ではないように見える子も、臆せず、全身を使いながら、楽しそうに歌い、全力で身体を動かしている。そして、稽古がうまくいくたびに、指導してくれる外国の若者とハイタッチをする。言葉の壁を越えてコミュニケーションを取りながら、実に堂々と楽しそうに自己表現をしている。わずか3日間のプログラムで、こうまで生徒たちが変わるものかと心から感心しました。

私は自校でも「ヤングアメリカンズ」を開催したいと考えました。実は、今年度に開催する予定なので、まだ、どういった成果が生まれているかは、現時点では具体的に書くことができません。しかし、実現に向けて、子どもたちのために支援してくれる千代田区教育委員会と千代田区議会、さらには、「予算的に厳しいことがあれば応援する」と言ってくれた同窓会には、本当に感謝しています。

「ヤングアメリカンズ」は、2019年1月29～31日の3日間の日程で開催する予定です。参加対象は1・2年生で、最初の2日間で練習を行い、最終日に公演というプログラムです。生徒たちには、歌うこと、表現することの楽しさを存分に味わってくれることを期待しています。

なお、開催期間中、指導してくれる外国の若者は日本の家庭でホームステイをすることとなっています。その受け入れ先については保護者からも募集を行ったところ、多くの家庭が手を挙げてくれました。とても有難く、保護者が麹町中を支えてくれることをうれしく思っています。

10 ロールモデルと出会う「麹中アフタースクール」

本校は、私が赴任する数年前に大改築が行われ、最新の施設・設備を備えた新校舎が完成しました。地下1階、地上6階建ての校舎内には、屋内温水プールや階段教室、和室などがあり、教室はもちろん、各部屋や体育館も冷暖房完備。屋上には天然芝の広い庭園があり、ソーラーパネルが敷き詰められた「エコスクール」でもあります。視察で訪れた人は、皆一様に、施設・設備の立派さに目を丸くします。

私が赴任した当時、これら施設の大半は、授業のためにしか使われていませんでした。例えば、屋内温水プールが使われるのは、6月下旬～9月上旬の2カ月半のみです。それ以外の9カ月半は、防火用に水が張られた状態で放置されていました。また、数百人収容可能の階段教室や和室は年に数回しか使われていませんでした。

都会のど真ん中にある屋内温水プールや体育館などが、稼働率数パーセントの状況で放置されているのは、市民感覚では「もったいない」と思うのが普通です。私自身も、学校施設の有効活用については以前から課題意識を持っていたのですが、本校に赴任後、そうした意識がより明確になっていきました。

加えて当時は、部活動に参加する生徒は少なく、放課後は閑散としていました。安心・安全な環境で、もっと自然に残れる場所があってよい。何かできることはないかと考えて、第一段階として、放課後に生徒たちが、気軽に居残る場所を作ろうと、図書室とコンピュー夕室を開けました。次に、「麹中塾」を開講しました。学校の中に、無料で参加できる塾を開いたわけです。生徒はもちろん、多くの保護者も喜び、放課後の校舎は賑やかになりました。

「麹中塾」では、東京大学、上智大学、東京理科大学の3大学の研究室等に相談して、教育に関心があり、子どもが好きで、人間関係に強い大学生を厳選して3人ずつ、送り出してほしいとお願いしました。集まった計9人の学生には、講義の中身も含め、塾運営の一切を委ねました。これは大学生自身の学びにもしてほしいと考えたためです。自分たちで工夫して内容を考えなくては、生徒は集まりません。学生には、勉強の楽しさを教えてほしいことや、教員よりも年齢が中学生に近いよきロールモデル（模範）となってほしいと伝えました。学生は皆、よく知恵を絞ってくれて、タブレット端末なども活用しながら、生徒たちが楽しく学べるような講座を開設してくれました。

また、部活動については、サッカー部をはじめ、いくつか新しい部を作りました。

私はもともと部活動に熱心に取り組んできた教員で、山形の頃はバスケ部の顧問などをしていました。部活動で得られる学びは生徒たちにとってかけがえのないものであると考え、土日は当然のように練習や試合、朝練もこなし、休みは年末年始くらいという生活をしていました。私自身はそのことをほとんど苦に思ったことはありません。

しかし、「働き方改革」などがクローズアップされる現在、校長として、そういったことは教員に求めてはいません。必ず改善をしていかなくてはいけないと感じています。そのため、本校では、多くの外部指導員に来てもらっています。

さらには、同じく外部指導員に来てもらう形で、水泳講座、華道講座、茶道講座なども開講しました。華道は家元の池坊、茶道は裏千家の講師に来ていただいています。生徒たちにとっては、材料費負担だけで、広々とした和室で一流講師の手ほどきを受けられるのだから、贅沢な経験となっています。

その後も、「麹中ファーム（屋上農園）」「演劇サークル」「プログラミングサークル」「アナウンスサークル」など、新しい講座を次々と開設していきました。講師はすべて、その分野で一流と呼ばれる専門家で、私が個人的なつながりをたどり、招へいした方々です。

こうして、放課後の雰囲気はガラリと変わり、多いときは全校生徒の3分の1程度が学校に残り、勉強やスポーツ、芸術活動等に励むようになりました。

現在、これら放課後の講座と部活動は、「麹中アフタースクール」という名称の下、活動しています（図3）。

部活動については、ＰＴＡ組織上に「部活動委員会」を設置する形で運営しています。ＰＴＡ活動は、文字通り保護者（parent）と教師（teacher）が力を合わせて運営する組織（association）ですが、実際は、あまり教師と保護者が連携する機会はありません。そこで、ＰＴＡ組織の常置委員会の一つとして、部活動顧問で構成される「部活動委員会」を位置付けたのです。部活動はＰＴＡ活動の一環として行われることとなり、教員の活動について保護者がよく理解するところとなりました。問題を理解し、共有化することも可能になりました。

こうして、麹中塾と部活動、サークルが活動する「麹中アフタースクール」は、生徒の居場所づくり、施設の有効利用という観点だけでなく、生徒が多くの大人と関わりを持つという点で果たす役割は大きいものがあります。生徒たちは、各分野の第一線で活躍するアナウンサーや写真家、プログラマー、有名大学の学生などと接する中で、自身のロールモデルを見つけることができるようになります。また、そうした経験を通じ、自身の将来像を思い描き、目標を見いだす生徒もいます。

私は現在、経済産業省の教育に関する有識者会議「未来の教室」とＥｄＴｅｃｈ研究会に、プロジェクトメンバーとして参加しています。ここで私が積極的に提案しているのが、

図3　麹中アフタースクールの内容

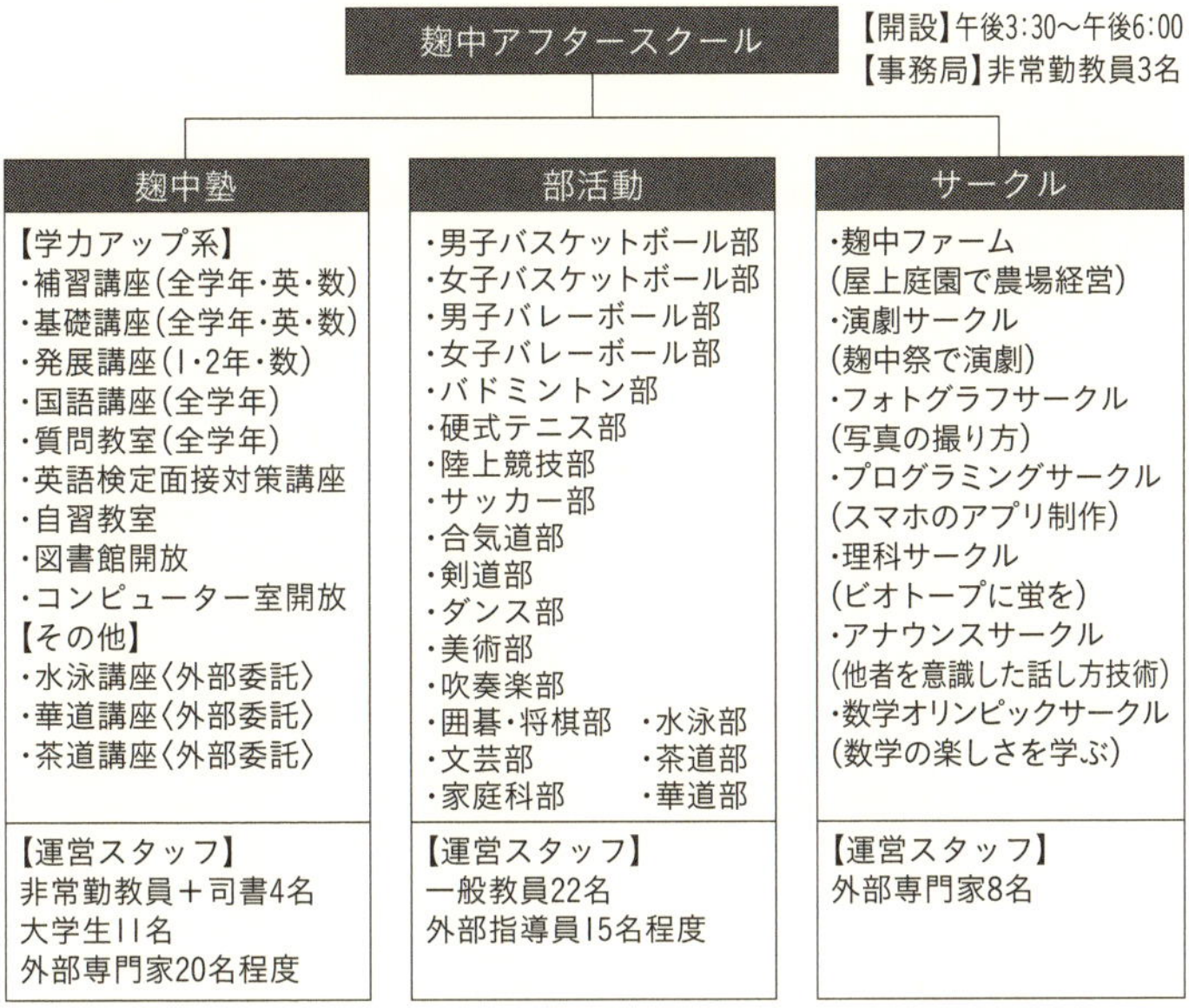

「麹中アフタースクール」をさらに拡充した「小さな学校」です。

「小さな学校」といっても、学校や学級の規模を小さくするわけではありません。小さくするのは、学校の「役割」で、例えば、午前中は、従来型の学校の学びを行い、午後からは民間の力を借りて「課題解決型学習（ＰＢＬ：Project-Based Learning）の形で学ぶ授業を充実させ（ここまでが教育課程内）、その後の教育課程外の時間については、部活動も含めて、「麹中アフタースクール」のようなさまざまな講座を開設するという構想です。そこには市民・区民も参加することができるようにします。生徒は多様な大人と共に学ぶことができます。

放課後（教育課程外）、子どもたちはそのまま学校に残り、午後6時頃まで自分が行きたい教室に参加します。そこでは、教科書だけでは学べないことを体験を通じて学ぶことができます。子供たちが帰宅した後も、そのまま大人たちのカルチャースクールとして、夜10時くらいまで学校の施設を利用してもらうことができる。管理についてはＮＰＯや民間の企業に任せるという方法もあるでしょう。施設を総合的に使うことで、財政難も言われている現在、家賃収入なども生まれ、子どもたちの活動にも還元できるかもしれません。地域社会から見れば、新たな雇用が生まれ、教員の働き方改革にも寄与する仕組みにもなります（図４）。

図4 未来の教室

社会とシームレスな教育環境整備
・社会で必要なカリキュラムへ(教科・総合他)
・インタラクティブの学び(PBL)&アダプティブな学び(効率性)
・校舎そのものを社会の一部として活用(プロフィットセンター的役割)

ソフト:準備期間としての学校
【カリキュラム】
・必修教科の再構築(必要最小限)
・民間・行政・地域と連携した問題解決型カリキュラム
【学び方・指導法】
・インタラクティブな授業の推進
・教えない授業の推進(ファシリテーターとしての役割)
・アダプティブラーニングの推進
・脳科学を活用した指導技術の向上(科学的エビデンス)
【Edtech整備】
・社会の縮図としてのICT環境整備
①安心・安全に失敗できる環境づくり
②将来のビジネススタイル=学習スタイルとなるインクルーシブな学び方支援

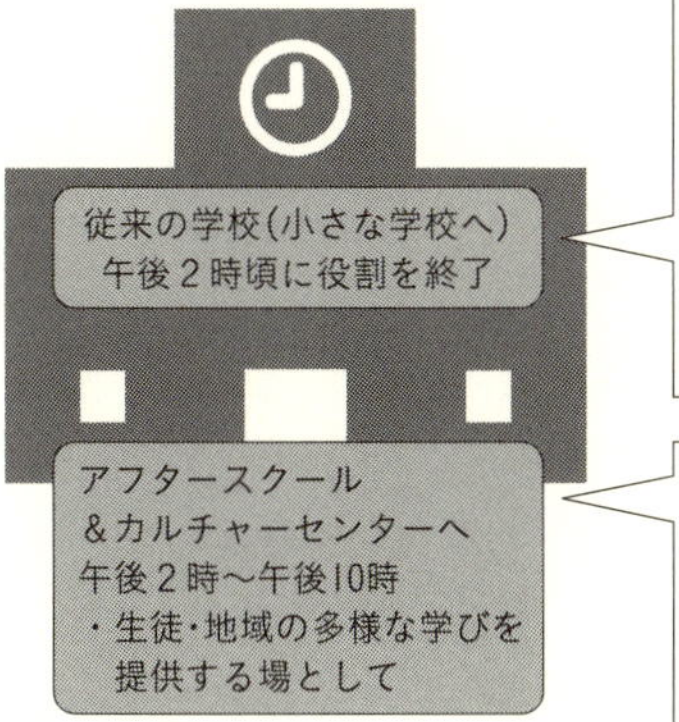
従来の学校(小さな学校へ)
午後2時頃に役割を終了
アフタースクール
&カルチャーセンターへ
午後2時〜午後10時
・生徒・地域の多様な学びを
提供する場として

ハード:生涯学習としての学校
【民間・地域が提供する教育】
・多様な学び(スポーツ、音楽、芸術、他)
・地域の問題を解決する場としての拠点
・プロフィットセンター的な役割(財源確保・雇用確保)

課題① 教員・保護者・行政・民間の意識改革(教育の目的・手段への合意形成)
課題② 学校・地域裁量の自由度の拡大(国・文部科学省・学習指導要領のしばり)
課題③ 学校施設活用のための整備・部活動関係団体、他との調整一校長の私がこんなことを述べるのは、おこがましいですが、私は、現状の教育制度全般を相当見直す必要があると考えています。具体的には、学校が担う役割を縮小させて、多様な技能を持つ人が、子どもたちの教育に関わる仕組みを整えていく必要があると考えています。

余談ですが、2018年の夏は、全国的に記録的な猛暑となったことから、学校へのエアコン導入の是非が話題となりました。各自治体が導入に及び腰なのは、予算的な問題もあるのかもしれませんが、夏季における学校の施設稼働率が低いことも、要因の一つとなっています。もし、「麹中アフタースクール」のように、大人・子どもも関係なく学校を市民がフル活用するようになれば、エアコンの導入に賛成とか反対といった対立軸そのものがなくなるのではないでしょうか。

第4章

「当たり前」を徹底的に見直す学校づくり

私が麹町中学校に赴任してから、5年の歳月が経った。既存の概念にとらわれない取り組みを次々と打ち出してきただけに、その間、教員や保護者にも戸惑いがあったのではないかと思う。本章では、私がどのような形で学校をマネジメントしてきたのかを紹介する。

1　現状の課題を教員と共にリスト化し解決

ここ1～2年、ここまで述べてきたような取り組みがインターネット上のウェブサイトや雑誌や新聞、テレビなどに紹介されたことで、麹町中学校の取り組みは、教育関係者の間でも広く知られるようになりました。

２０１７年度は有難いことに、麹町中を視察したいと本校を訪れてくれる方の数も多くなり、年間で１００件以上に上りました。そろそろ受け入れも時間的に限界になってきました。また、私自身も、各地で講演などを頼まれる機会が増えてきています。

注目を集める中で、校長である私に「改革者」的なイメージを持つ人も多いようで、「はじめに」でも触れた通り、よく「民間人校長ですか？」と質問されることがあります。これは私にとって複雑な気持ちになる質問の一つです。

学校は本来、社会の先頭に立っていた場所で、教員は社会の最先端で働く人たちでした。むしろ民間の方々が学校で学び、社会に飛び出して活躍をしていたわけです。それがいつの頃からか、学校は遅れた場所で、民間が優れた知見を持っている。それを学校に導入すると思われるようになってしまいました。これはとても残念なことだと思っています。もっと教員は柔軟に変化に対応していかなければいけないと考えています。

さて、視察で訪れた人からは、麹町中での改革を見て、「先生方との対立は起こらなかったのですか」「学校内外に敵はいなかったのですか」などという質問もよくいただきます。私は、すでに触れてきた通り、「みんな違って当たり前」「みんな違っていた方がいい」と思っています。そこには意見の相違があるのは当然ですから、そこで対話をして、最上位の目標に向けて合意形成をしていくことが大切だと思っています。

何よりも、対立する必要がない「問題」を作り上げ、その対立軸をめぐって非難しあったり、対立することには、何の意味もないと思っています。生徒たちにも、そういうことを折に触れて話しています。

また、教職員に向かって「改革」というような、大げさな言葉を使ったことは一度もありません。特別なことをなしとげようという気負いもありません。この5年間は、教員のと共に考え続けてきた「改善」を、淡々と地道に、丁寧に繰り返してきたということでしょうか。

ここまで述べてきたように、現在の日本の学校教育には多くの課題がありますが、それを乗り越えていかなければなりません。公教育そのものを本質的な観点から見直して、改革していく必要性を強く感じています。

しかし、ここで大切なのは、現状をありのままに受け止めることです。この本を読んでくださっているあなたも、自分のできることを、自分の周りから変えていく改善や、最上位の目的に向けた実践にぜひ取り組んでもらいたいと思っています。

本校に校長として赴任した際、むしろ私は等身大の自分をさらけ出し、どんな考えの持ち主なのかを周囲に理解してもらうように努めました。そして、「学校便り」「校長コラム」等を通じて、保護者や地域の方々に対しても、私自身がどのような人間なのか、どのような教育観を持っているのかを積極的に発信していきました。そうしているうちに、私の考えに賛同し、応援してくれる教員や保護者、地域の方々や、教育に関心を持ってくださる企業やＮＰＯ法人の方々などが増えていったという印象を持っています。

学校の現状をありのままに受けとめる——そのためにまず最初に行ったのが、課題のリスト化でした。着任後、初めての夏休みの期間を使って私自身が解決すべきだと考える課題を洗い出し、エクセルに打ち込んでいきました。項目は２００ほどになりました。

このリストづくりは、実は私が単独で行ったわけではなくて、教職員との共同作業の下で進めていきました。実際に、200項目中、50項目は、教員から挙げられたものです。リスト化された課題の具体的な内容は、学習指導や生徒指導といったものだけでなく、「鍵の管理がきちんとできていない」「個人情報が机の上にさらけ出されたままになっている」などの事務管理的なものもありました。このリストの完成後、それらの課題をどのように改善・解決していくべきか、教員と共に話し合いました。

リストづくりは、教員自身の「自律」を高めるために取り組みました。もし、リスト化を私が単独で行えば、教員による業務改善は、「やらされる」ものとなり、いわば「請負仕事」と化してしまいます。教員が、校長に指示されたことを、指示通りにやったとしても、大きな成果は期待できません。成果を上げるには、教員自身が主体的に課題を発見し、解決策を考え、取り組んでいくプロセスが不可欠なのです。

実際に課題として挙げられた項目の中には、ある一つのことについて「相反する」ものもありました。例えば、ある行事を「なくしたい」と「充実させたい」という意見です。これも対話を続けていくうちに、根底には「学校行事を大切にしたい」という思いが共通にあることが分かり、その思いを大切にしながら、何か手立てはないかと考えていくプロセスも生まれました。これこそが大切なことであったと思います。また、課題を「見える化」することで、学校の課題を誰かに委ねるのではなく、教員自身が当事者として関わることができました。

もし、課題が相反した場合も、「生徒たちにとって何がよいことなのか」「学校は何のためにあるのか」という上位目的を私が示し、教職員同士で対話を深める形で、解決に向けて合意形成を図っていきました。

課題のリスト化とそれを解決していく作業を通じて、教員の間にも少しずつ、当事者意識が芽生えていくと同時に、私自身がただ新しいことに取り組んで、いたずらに教員の仕事を増やそうとしているわけではなく、教員の労働時間削減にも課題意識を持ちつつ、本気で学校教育の充実を図ろうとしていることを理解してくれるようになったと感じています。例えば、慣例的に勤務時間前から始まっていた「朝のあいさつ運動」はなくなりました。職員会議も効率化され、朝の打ち合わせも時間を短縮できました。さまざまなことで、教員が本来取り組むべき仕事に使える時間が増えました。

初年度の夏にリスト化された課題200項目は、年度末には340項目に膨れ上がりました。その内170項目は年度内に改善・解決することができました。課題のリスト化は、その後3年間継続して行い、赴任3年目が終了する頃には500項目に達し、うち350項目が解決されました。

課題の解決に当たり、教員に意識してもらうように強調したのは、「目的」に対し、最適化された「手段」を取ることです。

一見、解決が難しいように思われる課題も、上位目的は何だったのかと戻ることで、解決の道筋が見えてきます。こうした思考パターンで教育活動に当たる中で、何事にも意欲的に取り組むようになっていきました。

なお、現在は、教員自身の「自律」も高まったので、この取り組みは行っていません。あえて課題をリスト化する必要はなくなったためです。現在は、組織としての自律が高まり、適時、課題を挙げながら、その都度、改善できるようになりました。毎年、年度内に50項目ほどの新たな課題と改善策を自力で解決できるようになっています。

2 「対立」とどう向き合うか

とはいえ、もちろん、私の方針に対し、反対する人がゼロだったわけではありません。新しい校長が赴任し、前任者とは異なる方針でマネジメントを行えば、どんな組織であっても少なからず反発は起こるものです。

反発が起こること自体は悪いことではなく、当たり前のことだと考えます。生徒たちにも、いつも「対立はあって当たり前、それを対話で乗り越えていかなくてはいけない」と話しています。社会においては予定調和などなく、何かを始めた際に、何の反発も反対意見も出ないことなど、あり得ないでしょう。

これまでも、また、これからも私は変わらず同じスタンスで進めていきたいと思います。主張すべきことは主張し、それに対して、教員も保護者も考えを表明するでしょう。対立点が出てくれれば対話をして、乗り越えていく。それは学校という組織として、極めてまっとうな姿だと思います。

私はよく「トラブルを学びに変える」ことが大切だと話します。

前述した通り、生徒に何か問題が起きたときは、このトラブルを子ども自身の自律的な学びにどう転換するのか、それが最上位の目的であり、さらに、このことを大人の信頼を増すきっかけとしたいと教員にはよく話をしています。解決する過程において、保護者の信頼を得ることができ、そのことが子どもの成長にもよい影響をもたらします。また、教員が保護者と共に子育ての難しさと大切さを共有できれば、そうした大人の話し合いなどを見ている子ども自身が、当事者として「解決するのは自分自身」だと気付いて変わっていくのです。

仕事においても同様です。私に直接、意見を言いにくることがあれば、そのことが、絶好のチャンスと捉えて、徹底的に対話をするようにしていました。結果として、私の考えを理解してもらえたこともあれば、相手の話を聞き、なるほどと思い、自分の気付いていかなかった部分を深く考え、考えを軌道修正したこともありました。

考えや価値観は人それぞれであり、私たちが生きている限り「対立」はどこでもいつでも必ず起こります。これ自体は、何ら悪いことではありません。むしろ、この対立を避けることの方が大きな問題だと感じます。

私たちにとって大切なのは、考え方に違いがあることを「当たり前」のことと捉えた上で、上位目的を見据えながら、合意形成を図っていくことです。そしてこれこそが、これからの時代を生きる生徒たちに教えていかなければならないことだと考えます。

前述した本校の「目指す生徒像」には、「感情をコントロールする」ことも掲げています。

幸いにして、私は昔から「鈍感」だと言われるところがあり、人と対立することにストレスを感じることが少ないのかもしれません。さらに言えば、対立していること自体を自覚していないことも多いようでした。高校時代のことですが、ある友人が私に腹を立てて無視をし続けた際も、私は何ら気付かずに過ごしていたなんてことが実は何度もありました。怒鳴り合いのけんかをしても、それをずっと引きずることもありません。それでその人との関係性が決定的に断絶するようなこともほとんどなかったように思います。もしかすると相手の方を傷つけてしまったことがあったのかもしれませんが……。

対立を上位目的に照らし合わせて解決するという点で、私にとって大きな経験となったのは、目黒区教育委員会で3校統廃合による新校設置のプロジェクトを担当したことでした。

話は2003年にさかのぼります。生徒数の減少などもあり、既存の区立第二中学校、第五中学校、第六中学校の3校を統合し、新たな中学校を設置する計画が区から示されました。

しかし、そうした取り組みにはありがちなことですが、地元住民からその計画に対して、反対の声も上がりました。

そうした中、新校の計画に大きな可能性を感じていた私は、プロジェクトの推進役の一翼を担わせてもらいました。特に、新校舎の設計はとても魅力的な仕事で、私たちは先進的な取り組みを行っている各地の学校の新校舎を精力的に視察して回りました。そうしているうちに、プロジェクトメンバーの間に「日本にモデルのない学校を創りたい」との思いが芽生えていきました。

最終的に、新しい学校は「教科センター型」を採用することとなりました。「教科センター型」とは、大学のように、生徒たちが教室間を移動して授業を受けるもので、中学校での先行例は当時、数えるほどしかありませんでした。1学年で4学級以上の成功例がなかったことなど、先行事例から課題も浮かび上がってきました。すべての教室には黒板ではなくホワイトボードを入れて、プロジェクター等や実物投射機などのＩＣＴ環境を整えることもしました。その後、新宿区のモデルとなった、研修の要らない新たなＩＣＴ環境につながりました。
「日本にモデルのない学校を創りたい」との熱い思いは、区役所の人や教職員、地域住民はもちろん、設計事務所や施工業者の間にも広がり、一人ひとりが当事者として、学校づくりに携わるようになりました。

どれくらい「熱い」ものであったかといえば、人々の思いが交錯する中で、改良に改良を加えようとした結果、いざ新校舎の建設工事が始まろうとしている段階でも、図面に修正を入れようなんてこともあったくらいです。行政が取り仕切る事業としては、前代未聞の出来事です。その後も、理想とする学校の姿を求めて意見調整は続き、業者の方々も途中からは、自分たちの利益を度外視して、新しい学校づくりに邁進してくれました。今思い返しても、さまざまな対立が上位目的を見据えた対話によって合意形成に至った、奇跡的なプロジェクトだったと思います。

大きな対立があっても、上位目的を見据えて対話を図れば、必ず合意形成に至ります。
逆に、対話を行わないまま状況を悪化させると、例えば、組織内に派閥が作られることがあります。

私が教員だった頃、声の大きな一部の教員が職員室を牛耳り、それに反発する教員がやはりグループを作り、対立が先鋭化したことがありました。例えば、生徒指導の方針などにおいて、こういう対立はよく起きます。

そうした中で、声の大きな教員たちのグループにも私は主張すべきことは主張し、同時に、反発する教員グループに対しても一定の距離を保ち、どちらかのグループに属さないことを心掛けました。これはなぜかというと、どちらかのグループに入ると、感情的にもなりやすいですし、何が適切なのかを考えるというよりも、「相手の意見をつぶす」ことになりがちだからです。私はそういうことをしたいわけではありません。

この考えは、校長になった今も変わっていません。

私は教育委員会にいたときには、前述の通り、①生徒、②保護者、③区民、④学校、⑤教委の順番で、優先順位を考えていました。同じように、今は生徒のためを一番に考えて、麹町中がどうあるべきかを考えています。

また、麹町中には、多くの視察してくださる方や、訪問してくださる方がいますが、相手が文部科学大臣であろうと、政治家であろうと、大学生や高校生であろうと、本校に入りたいと訪ねてくれる小学生であろうと、同じ態度で接することを心掛けています。もちろん相手によって、説明する言葉や順番は、より伝わるように考えて工夫をします。

これは教員にとって、不可欠な資質だと思います。子どもによって態度を変えたり、学校の特定の生徒と特別な関係を築いて集団指導したりする教員もかつてはいましたが、そうしたことは、教員として適切ではありません。

3 学校を「コミュニティ・スクール」に

学校は何のために存在するのか——この問いに対する私の答えは、何度も触れてきた通り、人が「社会の中でよりよく生きていけるようにする」ためです。

さらに言えば、学校は子どもの「自律」を育成する場でもあり、この目的は保護者とも共有し、協力しながら実現していく必要があります。


しかし、現状の学校と保護者の関係を見ると、保護者が「消費者」、学校が「サービス事業者」と化しているような状況が見受けられます。保護者のクレームを真に受けて対応した結果、子どもが自律する機会が失われてしまったこともあるはずです。

組織に対する苦情や不平不満は、「当事者意識」と表裏の関係にあります。自身に当事者だという意識があれば、文句を言うより先に「どうすればよいか」を考え、行動を起こします。逆に、当事者意識がないと、「お客様感覚」で何か不都合が起きると、自分ではない周りの誰かのせいにしようとするものです。

私は保護者の方々に当事者意識を持ってもらい、同じ目的を共有し、合意形成を図っていくことが必要だと考えています。その方策の一つとして導入したのが、「学校運営協議会」でした。

「学校運営協議会」という言葉は、あまり聞きなれない言葉だと思いますが、「コミュニティ・スクール」と言えば、聞いたことのある人も多いのではないでしょうか。

これは2004年に制度化された新しい学校教育の仕組みで、文部科学省の説明を借りれば、「学校と地域住民等が力を合わせて学校の運営に取り組むことが可能となる『地域とともにある学校』への転換を図るための有効な仕組み」となります。

この説明ではよく分からないと思うので、ごく簡単に説明すると、学校・地域・保護者の代表から成る「学校運営協議会」を設置し、そこで定期的に会合を持ち、校長の経営方針を承認したり、学校運営の方針に意見を出したりする会です。この「学校運営協議会」が設置された学校を「コミュニティ・スクール」と言い、２０１８年4月現在、全国の小中高特のうち、５４３２校が指定されています。

私は、現状のコミュニティ・スクールには課題があると感じています。その一つは、保護者や地域住民が、当事者意識を持って動くような仕組みになっていないことです。

全国のコミュニティ・スクールは、大きく2つのタイプに分かれています。一つは、「学校運営協議会」が、第三者機関的に学校運営をチェックし、意見を述べるというタイプ。もう一つは、「学校運営協議会」が地域支援本部（これも文部科学省の施策の一つです）的に、学校の実践を外側から支援するというタイプです。

コミュニティ・スクール第1号となった東京都足立区立五反野小学校（現在は統合されて廃校）は、前者の第三者機関タイプでしたが、当時、学校と地域との間に軋轢が生まれ、校長が交代するなど、学校運営は暗礁に乗り上げてしまったことがありました。こうなってしまった最大の要因は、保護者や地域住民が「消費者感覚」で学校にモノを申してしまったことがあったのではないかと思います。

それとは別に、「地域支援本部型」のコミュニティ・スクールも生まれていて、例えば、教育ボランティア等が授業等に入り、実践を支援するというものもあります。こちらは、東京都三鷹市の実践などをモデルとして、全国へ広がり、今ではコミュニティ・スクールの一般的な形として普及しています。地域住民が「当事者」として関わるよい仕組みです。しかし、こちらのタイプも地域支援本部が「外側からの支援」という形を取っているだけになってしまうと、教育ボランティアの受け入れが教員の負担を大きくさせるだけで、「労多くして効少なし」となってしまうこともあります。

私は、制度創設の頃から、コミュニティ・スクールに期待を寄せていただけに、消化不良のまま進んでいる状況に残念な思いを持っていました。「地域が運営する学校」という以上、学校・保護者・地域住民が当事者意識を持ち、責任とリスクを負ってくれるような仕組みを構築していかなければならないと考えます。

そうした課題意識があり、私は2013年度まで指導課長を務めていた新宿区教育委員会において、コミュニティ・スクールの普及推進を全面的に進めました。前述した2タイプとは異なる、新宿区独自の仕組みを広げたいとも考えました。

ちょうどそのとき、日本生産性本部のマネジメント手法を導入する形で、公立学校の学校評価に取り組んでいる三重県教育委員会を視察で訪れたことがありました。学校評価は、PDCAサイクルの「C（評価）」の部分に当たるもので、当時、先進事例と言われていた三重県の取り組みに、私は興味を感じていました。

ところが、教育委員会の担当者に話を聞いたところ、「実は実践は失敗に終わったんです」という意外な言葉が返ってきたのでした。日本生産性本部の評価項目は、民間企業を意識して開発されたものであり、学校組織にはなじまなかったのだということでした。

しかし、この挫折を生かす形で、新しい学校評価に取り組んでいる学校があるということで、いなべ市内の小学校を視察させてもらいました。その学校では、学校・保護者・地域住民が話し合いながら学校評価の項目を作り、その結果を「学校評価便り」として関係者に配布するなどしていました。

一見して、とてもよくできていると思いました。この学校の学校評価において特筆すべきは、評価基準が明確で簡潔なものであることと、保護者に対する評価なども盛り込まれていたことです。「学校評価便り」には、「授業参観における保護者の態度に課題があり、改善が必要」といった文言も盛り込まれていました。保護者を「第三者」ではなく、「当事者」であるべきだと思い続けてきた私は、とても深く納得しました。

学校を良くするためには、校長や教員だけでなく、保護者も地域住民も、「学校を良くするために、自分たちは何ができるか」という視点を持たなければなりません。それぞれの人がこの視点で自己評価を行えば、学校は間違いなく良い方へ向かっていきます。私はこうした点も盛り込みながら、新宿区でのコミュニティ・スクール推進計画を練り上げていきました。

そうした経緯もあり、私は校長としての赴任が決まったときから、麹町中学校をコミュニティ・スクールにしたいと考えていました。しかし、当時の千代田区は、現行制度においてはメリットが少ないとして、コミュニティ・スクールを設置しない方針でした。

私は関係各位のところへ行き、コミュニティ・スクールの設置を認めてほしいと相談しました。その際に、現状の制度とは異なるタイプのコミュニティ・スクールを設置すること、保護者や地域住民の自律を高めることが狙いであることなどを丁寧に説明しました。区教委や区議の方々の理解もあり、赴任3年目の2016年度には、区のモデル校として指定を受けることができました。

コミュニティ・スクールを機能させる上で、最も大切なポイントは学校運営協議会のメンバーです。当事者意識を持って、共に責任とリスクを負ってくれる人を選ばなくては、外野から評論家的な意見を言うだけの第三者機関と化してしまいかねないからです。

一般的に、学校運営協議会のメンバーには町会長など地域の代表者が入るケースが多いと思われます。しかし、本校では、保護者（元保護者）や卒業生を中心に構成しました。学校の実態をよく知り、当事者意識を持って、改善すべきポイントや改善の方向性を共有できると考えたからです。メンバーが確定した後、学校運営協議会の中に「学校評価委員会」を設置し、さっそく、評価項目の作成に取り掛かりました。

学校評価は、2007年6月の学校教育法改正を受け、全国のすべての学校が実施するよう義務付けられています。評価を何のために行うかと言えば、学校が自律的にPDCAサイクルを回し、経営改善を図っていくためです。しかし、法的に義務化した時点で、やらされている感覚が増し、場合によっては自律が失われるわけで、学習指導要領と同様の矛盾がここにも見られます。

加えて、文部科学省がガイドラインを示し、具体的な評価項目例を示しているのですが、これがどうも学校の自律を損なっている点があるように思います。評価項目が多すぎる上に、評価の基準も曖昧すぎるのです。「相手の人格を尊重し、豊かな人間関係を構築できる児童生徒を育成するための指導を行っているか」という項目などは、何をもって「行っている」とするのか、評価者の主観によって評価結果が変わってきます。

現在、本校では、学校運営協議会が自律的に機能するようになり、教員も保護者も「自分たちのアイデアで学校が変わる」という実感が持てるようになっています。それぞれの人が、自らの目的とやりがいをもって学校運営に参画してくれています。現在は、保護者との間でトラブルがあった際、「それは違うのではないか」と、別の保護者が矢面に立って、対応してくれることもあります。

また、ＰＴＡの役員会を中心に、学校運営にも積極的に関わってくれるようになっています。

4　ＰＴＡが中心となって制服を決める

学校運営協議会が設置されたことで、本校では保護者の声が学校経営に反映されるようになりました。より正確に言えば、保護者自身が、学校経営の主体者に変わってきたということかもしれません。現在は、生徒たちを自律させるために何が必要かという視点で、多くの保護者が自律的に考えてくれています。

そうした流れの中で、２０１８年度は「ＰＴＡ制服等検討委員会」を設置することになりました。生徒たちの服装や持ち物などのルールについて、保護者が中心となって作り上げていくことにしたのです。おそらく、公立学校においては初めての試みではないでしょうか。

具体的な流れを説明すると、まず「ＰＴＡ制服等検討委員会」が保護者や生徒などにヒアリング等を行い、意見を集約します。その上で、中学生が学校生活を送る上でふさわしい服装がどうあるべきかについて繰り返し対話し、原案を作ります。その後は、ＰＴＡ運営委員会で協議し、決定した内容を保護者や生徒、教員に通知・報告することとしています。

この検討過程で、私からは「機能性」「経済性」の2点を考慮してほしいとお願いしました。生徒が学校生活を送る上で過ごしやすい服装であること、保護者の経済的負担が大きくならないことを考えたためです。

最終的にでき上がった規定はシンプルなものとなりました。シャツ・ブラウスについては「ワンポイントは認めない」となりました。ブランド物などが主流となり、保護者の経済的負担が増えないようにするためと聞いています。前年度から大幅に緩和されましたが、大きな問題は起きていません。服装には厳格だった一部の教員の中には、そうした子どもたちの様子を見て、これまでの指導観を改めた教員もいます。第1章で紹介した「私服登校週間」は、そうした指導観の転換が契機となって、始まった実践でもあります。特に服装指導に熱心だったベテラン教員の意識が変わりました。

規定の変更により、制服購入にかかる保護者の負担も減りました。夏にポロシャツを認めたことで通気性が高まり、スニーカーを認めたことで運動靴の持参が不要になるなど、学校生活は過ごしやすくなりました。今後、「PTA制服等検討委員会」では、標準服制服（学生服・ブレザー）の全面改訂も検討していく予定となっています。

学校運営協議会やＰＴＡと共に、学校経営の力強い味方となってくれているのが、同窓会組織です。本校の卒業生には、政官財の第一線で活躍する人も多く、学校に強い思い入れを持ってくださる人も少なくありません。

私が次々と新しい取り組みを打ち出し、周囲からも注目を集めるようになるにつれ、同窓会の方々も喜んで後押ししてくれるようになりました。そこでは、かつての進学校を復活させてほしいというような意見はなく、現在の麹町中の学校の取り組みをほぼ全面的に支援してくれて、資金面での協力なども快く申し出てくれており、大変有難いです。

現在、同窓会が中心となって「麹町中人材バンク」を研究中です。生徒たちが、卒業生6000人の名簿から「会ってみたい人」を選び、校長へのプレゼンを行った上で、本気度が伝わったら紹介するという取り組みです。この取り組みも、こうした同窓会の強力なバックアップがあったからできるもので、頼もしく、とても感謝しています。

5　「責任と権限」がやりがいを生む

私は人に仕事をお願いする際、「責任と権限」を意識しています。

人は創意工夫ができるからこそ、やりがいをもって物事に取り組むものです。そこには緊張感も生まれますし、リスクを負って取り組むという覚悟も生まれます。逆に、お願いをする側が内容を事細かに指示すれば、受ける側は工夫を凝らそうとは思わず、粛々と作業を遂行するだけになってしまいがちです。人は裁量権とともに、責任とリスクを背負ってこそ、質の高い仕事をするものだと思います。

しかしながら、学校という組織においては、教員自身がリスクを負いにくい側面があるのも事実です。

その点で、コミュニティ・スクールの指定校等に与えられる、東京都の教員公募制度は、優れた仕組みだと考えています。教員公募制度とは、校長が自校の教育方針などを示し、それに賛同する教員を募集するものです。本校では、コミュニティ・スクールに指定された直後から、毎年度、この制度を利用して3、4人の教員が異動してくるようになりました。

公募制度を利用して異動してきた教員は、教育理念に賛同し、自らも成長しようと、また、頑張ろうという意思が強く働きます。これは周りの教員にもよい影響をもたらします。教員の自律を図る上でも、コミュニティ・スクール指定校に与えられる教員公募制度は、良い仕組みであると考えています。

こうした中で、教員の意識は着実に変化してきました。若手教員の中には、積極的に外部と関わりを持ち、自身の人脈を広げ、「この人とコラボレーションをしたいので、会ってみてほしい」と私に提案してくる人もいます。とてもうれしいことです。そうした若手に刺激され、周囲の教員も「あの人があれだけやっているのだから、自分もやらなければ」と考えるようになってきました。自律を高めるマネジメントを具体的に行っていく中で、教員の意識に変化が見られることはうれしいことだと思っています。

6 職員室の「当たり前」を見直す

教員は「常識がない」「社会を知らない」などと言われることがあります。

例えば、電話の出方がその一つです。社会一般では、電話が鳴っていたら放置をしない、できれば3コール以内に出ること、自身の名前を名乗ることなどが徹底されているものですが、実は、そうした対応はまだ学校は一般的ではありません。鳴り続ける電話を「私のところにかかってきているわけではないから」と、平気で放置しているようなケースも見られます。

こうした電話対応は、私が赴任直後には、残念ながらまだありました。私はすぐ「麹町

中学校 教職員心得」なるものを作り、教員に配布しました。そこには、電話は3コール以内に出ること、3コールで出られなかったときは「お待たせしました」と言うこと、出た際には「麹町中学校、○○です」と名乗ることなどを明記しました。

学校は世の中とシームレスであるべきです。学校文化が、世の中の常識からずれていてはいけないと考えます。

教員は、採用1年目に初任者研修がありますが、ここで学ぶのは学習指導や生徒指導の手法等が中心です。電話対応などのマナーを学ぶ機会は、学校において、日常的にOJT(On-the-Job Training、オン・ザ・ジョブ・トレーニング)で学べるものです。しかし、現在の学校はこうしたことを学ぶ機会を失っているため、教員の中には不適切な電話対応などに、何の疑問も持たずに来てしまっていることがあります。

私が示した「教職員心得」に、戸惑う教員も当初はいました。電話で自身の名前を名乗ることについては、「営業相手に名前を覚えられてしまう」と反発する人もいました。しかし、営業の電話が困るなら、上手な断り方を身に付ければよい話です。

もう一つ、「教職員心得」に明記したのが、互いの呼び方です。ご存じのように、学校では教員同士でも「○○先生」と呼び合うのが通例ですが、本校では「校長」と「副校長」を除き、「○○さん」と呼ぶことをルール化しています。これはかなりのカルチャーショックだったようで、当初は多くの教員が困惑していました。

「先生」というのは本来、子どもの立場から見た敬称です。それなのに、子どもがいない職員室でも「先生」と呼び合うことに、私は長く違和感を覚えていました。人権感覚でもあると思います。この違和感を学校ではなかなか理解してもらえませんが、一般の方々には共感してくれる人も多いと思います。

余談ですが、私は昔から、自分のことを「先生」と呼ぶことがなかなかできませんでした。生徒の前でも、「先生はね」と話し掛けることはなく、一人称は「僕」あるいは「私」「自分」。以前、少しだけ、自分のことを「先生」と呼んで、試した時期もありましたが、やはり何だかしっくりこないのでやめました。私自身、つい「上から目線」になってしまう自分を反省する意味もこめて、「自分は『先生』なんて偉いもんじゃない」「自分は自分」という意識を忘れないでいたいと考えています。

7 業務の効率化を図る

今、「働き方改革」が話題となっていますが、業務を見直し、無駄な時間を減らすことが重要なのではなく、時間をかけるべきことにしっかり取り組むことが大切です。麹町中では、業務の見直しを行うと同時に、校内委員会などはむしろ増やして、特別支援が必要な生徒や、悩みや問題を抱えている生徒への対応、その支援をしっかりと取り組むようにしています。全体として、無駄を排し、取り組むべきことに取り組めば、精神衛生上もよくなります。

昨今の教員が忙しいことは事実です。教材研究や生徒指導、部活動指導、校務処理、保護者対応などに追われ、「子どもとじっくり過ごす時間が取れない」と多くの教員が嘆いています。勤務時間内では仕事が片づかず、夜遅くまで残業したり、仕事を持ち帰ったりする人もいます。

時間外手当が支給されない給与体系で、こうした勤務が常態化していることは、労働基準法に照らしても問題だと私は考えています。そのため、麹町中の改善は、教員の労働時間を減らすことと並行する形で実施してきました。

業務の効率化を図る上で、最初に着手したのが打ち合わせでした。朝の会議を短縮し、報告事項は各自がホワイトボードに書いて、最重要事項だけを伝えるようにしています。その結果、10分近くかかっていた会議は、毎朝1分程度で済むようになり、どの教員もゆとりをもって教室へ行けるようになりました。

ホワイトボードの書き方も、生徒に伝えるべき事項は赤、教員間で共有すべき事項は青という形で、色で書き分ける工夫をしています。また、ホワイトボードに書いたことは、打ち合わせでは言わないことも徹底しました。口頭で確認するようになってしまうと、ホワイトボードを見る習慣が失われてしまうからです。

なお、現在は校務管理のグループウェアが導入され、そこで教員間の情報共有が図られています。

学校には、職員全体で行われる会議の他に、教務部や生徒指導部、進路指導部など分掌ごとの会議もあります。麹町中では、この校務分掌組織の大幅な改組を図りました。これまで職員会議で決めていたことは、基本的には各部に「責任と権限」を与えて、スピーディに対処しています。後述するように仕組みを変えたのです。

具体的には、中心となる運営委員会を校長・副校長と各部の主任4人の計6人とミニマムに構成し、その下に経営支援部、教務部、生活指導部、進路指導部という形にしました。そして、各部で企画したものは、運営委員会で了承が得られれば、職員会議を通さずとも進めてよいこととしました。その結果、意思決定のスピードは劇的に速くなり、教員のアイデアなどもすぐに実行できるようになっています。

もちろん、各部の決定が、学校の上位目的から外れていないかどうかは、運営委員会においてしっかりとチェックされます。しかし、運営委員会が通った後の細かなことは極力、口を挟まず、各部の創意工夫に委ねるようにしています。

会議以外の業務効率化策としては、通知表の作成・配付時期の変更を行いました。通知表の作成において、教員が最も力を注いでいることに、「所見欄」を書くことがあります。多忙な学期末にこの作業が入ります。

そうした負担を軽減するため、「所見欄」の作成回数をまず3回から2回に減らしました。とはいえ、通知表の回数を減らしたわけではありません。本校では、6月下旬、10月上旬、12月下旬、3月上旬の年4回通知表を出していますが、所見欄については、10月上旬と3

月上旬の2回のみ書くことにしたのです。10月上旬や3月上旬であれば、教員は夏休みや冬休みをはさみながら、じっくりと生徒のことを考えて所見欄を書くことができるようになります。

教員に負荷をかけているものの一つに全国各地で行われている公開研究会があります。日本では、多くの学校で研究授業を行っていて、年に数回は外部の教育関係者を招いて、公開研究会を開催しています。日本独自の研修システムとして海外からは評価されているようですが、半日分の授業がなくなる上に教員の負担も大きく、私自身は効率的ではないと感じています。

一般的な公開研究会では、授業が終わった後に、外部から招いた大学教員等による講評等が行われますが、教員の中にはその意義が感じられず、つい、ウトウトしている人も見られます。研修内容が、自分にはさほど関係なく「役立たない」と感じているからでしょう。確かに、内容的にも若手からベテランまで、すべての教員にとって役立つものとはなっていないことはよくあります。

そうした理由から、私は新宿区教育委員会の指導課長時代、公開研究会の全面廃止を提案したのですが、学校の抵抗もあり、実現はしませんでした。本校赴任後は、すでに区から研究指定を受けていたので、とりあえず1回は開催しました。その後は従来型の公開研究会は開催していませんが、公開講座のような形で、全国から多種多様な方が参加できる研究会や研修講座を開催しています。

前例踏襲を常とする学校においては、放置されたままの慣習が至る所にあります。その点を強く認識したのは、２０００年に東京都の教育委員会に行政職として入ったときのことです。

当時、私は今よりも時間を持てたことから、いろいろな人に会いに行きました。その一人が、民間企業の取締役から都立高島高校の校長に赴任していた内田睦夫さんです。「民間人校長」として都立高校が初めて採用した2人のうちの1人です。

内田さんの学校経営に対する考え方は、当時の私にとって斬新でした。内田氏は、日立製作所の関連会社の取締役を務めた後、民間人校長として、東京都立高島高校に赴任したのですが、その経営手法は多くの学校関係者が意識していなかった「効率性」を徹底的に追及したものでした。

内田さんは、企業の頃に業務効率化を図るために万歩計を付けてみたのだそうです。すると、1日の歩数は8500歩で、1分間100歩と計算して、実に85分間は歩いていることになることが分かりました。この無駄な時間を削減するため、会社内の動線の見直し等を行ったことで、1日の歩数は半分近くの4500歩にすることができたということでした。つまり40分の時間を生み出せたということになります。

内田さんのこうした意識は、高島高校でもすぐにあらゆるところで発揮されました。当時、高島高校では生徒用トイレに扉がなかったので、外からトイレが丸見えになることが問題になっていたそうです。

そこで、生徒用トイレの入り口に扉を設置したいと考え、業者に見積もりを依頼しました。すると、1カ所10万円で100万円かかるとのことで、教育委員会から「予算的に厳しい」との返事がきたのだそうです。普通の校長であれば、ここで諦めるところですが、内田さんは職員をホームセンターへ出向かせ、扉の代わりに1枚4000円の、のれんを買ってきて設置したのです。計4万円で都合、96万円の節約につなげることができました。

どの話も、いかにも民間企業で取締役を務めた人らしい考え方で、当時の私は大いに刺激を受けました。「学校と企業は違う」と思う人もいると思いますが、学校・民間を問わず、工夫すべきところは工夫し、参考にできることは参考にしていくべきだと思います。

8 脳神経科学者と共に取り組む研修

教員は、学習指導や生徒指導において、さまざまな経験知を持っています。生徒を上手に褒める方法や叱る方法、やる気を喚起する仕掛け、気持ちを高める声掛けなど、ベテラン教員になればなるほど、数多くの経験知を保有し、日々の教育活動に生かしているものです。

そうした経験知の数々は、「正しいもの」「効果的なもの」として多くの教員間で共有されていますが、実は、その効果が科学的に裏付けられているわけではありません。この点を科学的に分析、評価することを目的として、2018年度から新たに脳神経科学の視点を取り入れた教員研修を実施しています。協力者は、株式会社ダンシングアインシュタインFounderの代表・青砥瑞人さん。日本の高校を中退した後に渡米し、UCLA(カリフォルニア大学ロサンゼルス校)で脳神経科学を研究してきた脳のスペシャリストです。

これまで、教員が経験知として実施してきた指導が、脳科学の視点から裏付けされれば、これほど心強いことはありません。子どもがモチベーションを持って自律的に学ぶとは、脳科学的にはどのような状態を指すのか、それが分かれば支援のあり方、環境の作り方、言葉掛けの仕方などが理論的に整理できて、教育活動の精度は格段に高くなるでしょう。もちろん、これまでも教育心理学に基づくカウンセリングの方法など、科学的な手法で、理論化されてきた領域があります。しかし、脳細胞レベルでそれが理論化されれば、その成果は比べ物にならないほど確かなものとなるに違いないと私は考えています。

この話を、大阪市立大空小学校の元校長・木村泰子さんにしたところ、ぜひ研修会に参加したいといって、毎回、大阪から手弁当で来てくださっています。

木村さんが初代校長を務めた大空小学校は、特別な支援・配慮を必要とする児童が全校生徒の約1割ほどを占める学校で、その実践記録がドキュメンタリー映画「みんなの学校」として公開されて、注目を集めています。木村さんは、2006年4月の開校時から9年間にわたって同校の校長を務め、2015年3月に退職後は全国を回り、講演活動等を行っています。

私は数年前、とある公開講座を通じて木村さんと出会いました。お会いして、1分もたたないうちになぜか意気投合し、教育に対する考え方が近いところにあることを実感しました。木村さんも同様に感じてくれたようで、その後も親交を深め、現在では「前世は双子だったんじゃないか」などと冗談交じりに話してくれます。

大空小での実践はすべての子どもの学習権を保障するという考えが最上位に来ています。こうした考えは、教育活動のあらゆるところに浸透しています。例えば椅子に座れず立ち回る子どもがいたとすれば、一般的な学校では、椅子に座れないこの子が問題だとして捉えられがちですが、大空小では、この子が問題だとは捉えません。それは座れないことが悪いのではなくて、発達の今の状況にすぎないと考えられています。そして、その子にとって、一番よいことが何かを、また何が必要かを徹底的に考えます。大空小では「インクルーシブ」とか、「特別支援」という言葉はありません。目の前の子どもをしっかりと見ることが徹底されています。

学校では、多くの場合、「問題は作られる」のです。例えば、授業中に教室から出ていく小学1年生が、教室に複数人いたとします。この現象は「小1プロブレム」と呼ばれて、教育課題として取り上げられますが、木村さんは「立ち回ることが、なぜ、いけないのか」と問います。つまり、学校や教室のあり方・支援のあり方を問うのです。これは、ユニバーサルデザインなどの考え方とつながるものだと思います。「なぜ、その子が教室から出て行ったのか」を考え、教員同士で徹底的に話し合うべきだし、子どもたちにも考えさせることが大切だと、木村さんは指摘しています。

　木村さんが大空小学校で実践してきた指導は、私自身が麹町中学校で実践する指導とも相通じる部分が多いと感じています。そうした指導に、私も木村さんも確固たる確信を持っていますが、現在の学校教育においては決して主流とは言えないのも事実です。その点について、脳神経科学的にどう評価されるのかにも、興味がありました。

　研修は、本校の教員だけでなく、外部の人たちも参加する形で実施することにしました。第1回は、5、6人のグループ単位で、「子どもたちについて困っている事象」を話し合ってもらったり、付せんに書き出して並べ直したりしました。第2回は、それら「困っている事象」の中から2、3の事例をピックアップし、木村さんと私がその解決方法などを話し、その効果を脳神経科学的な立場から青砥さんに評価・解説してもらいました。同様に、大空小学校や麹町中学校で導入している「固定担任制の廃止」が、子どもたちに与える影響についても、同様に評価してもらいました。いずれも、細胞・分子レベルの現象としてリーズナブルであるという意見をもらうことができて、研修参加者の多くは感心していました。

脳神経科学者である青砥さんの指摘で興味深かったのは、安心・安全な環境が確保されていないと、脳は心的危険状態に陥るのだそうです。この状態になると、脳の感情をコントロールする部位であったり、学習を機能させる部位や、体を制御する部位などの働きが抑制されるというのです。発達に特性のある子は教員の指導により脳の防衛機制が働き、悪循環に陥る傾向がある、という話でした。

今後、脳神経科学は、学校教育の環境のあり方や子どもの指導のあり方に大きな影響を与えてくれる可能性があると考えます。

この研修のもう一つの意義は、校外の人たちが参加したことで、そこから相互に多くの刺激を受けることができたことです。今では、むしろ多様な人が入らなくては、よりよい研修にならないとさえ感じています。参加者は、大学生から民間企業のサラリーマン、映画制作関係者まで、年齢も立場も実にさまざまな人たちが集まってくれました。経済産業省や文部科学省の職員もいました。中には、学校が必ずしも好きではない、子どもの頃にいじめに遭って、学校にネガティブな印象を持っている方もいました。教員だけの研修では絶対に出てこない、こういうさまざまな方から出てくる意見や考えに、教員はさまざまなことを思い、心を揺さぶられたと感じます。

第5章

私自身が思い描く、学校教育の新しいカタチ

激しく変化する時代において、学校や社会はどのようにあるべきなのか。最後に、私自身の教員人生も振り返りながら、私が思い描く学校教育の新しい方向性について述べていきたい。

1 「早く大人になりたい」子どもを育てたい

私は山形県の鶴岡市で生まれ育ちました。鶴岡市はかつて庄内藩と呼ばれ、藤沢周平の作品に登場する「海坂藩」のモデルとなった地域です。江戸時代の庄内藩には「致道館」という藩校があり、そこで行われていた教育は、子どもたちが自身の意思で決定することを重視していたと言われています。

幕末期、庄内藩の藩士たちはとても屈強で、戊辰戦争では無敵の戦いぶりを見せたとのことですが、ある専門家はその強さの源に、自らの意思で判断・行動する藩の人材育成方針があったのではないかと分析しています。

私自身、こうした歴史を知ったのは後になってからでしたが、「自律」を何よりも大事にする自身の価値観は、あるいは鶴岡での日々を通じて培われたものかもしれないと思うことがあります。

高校卒業後、東京理科大学に進学して数学を学び、卒業後は地元・山形県の中学校数学科教員となりました。最初に赴任したのは飽海郡松山町（現在は酒田市に吸収合併）の中学校でした。5年目を迎える頃、東京へ行くことになりました（当時の仲間は「何かやらかしてクビなのか?」と冗談交じりに言っていたようですが、そんなことはありません笑）。

大好きだった子どもたちとの別れはつらいものがありました。

東京の教員採用試験を受け直して、東京での新たな教員生活が始まりました。ところが、それは山形での日々とはまったく異なるものでした。最初に赴任したのは、上野公園のすぐ近くにある台東区の中学校で、越境入学者も多い公立の伝統校でしたが、一方では、一口には言えない、複雑な課題も数多く抱えていました。

当時、リーダー格の生徒たち数人が他校へ乗り込んでトラブルになったり、「集会を開く」との噂を聞いた警察から問い合わせを受けたりといった出来事が頻繁にありました。校区周辺は、出身も国籍も実にさまざまな人たちが住む地域で、山形の教員だった頃には直面したことがないような課題・トラブルが日々降りかかってきたのです。この学校でしか経験できないことがあり、大変でしたが、とても楽しい思い出もたくさんある学校です。

次に赴任した学校は、いわゆる「教育困難校」でした。

この学校の校舎内には、当時、至るところにたばこの燃えかすが散乱し、床はガムの食べかすが貼り付いて層をなし、各学年には私服、金髪の生徒が20人ほどはいて、校内を土足で歩き、同級生を恐喝したり、盗みや対教師暴力もありました。その学校に赴任した初めての始業式の日、校長が挨拶をしても、生徒は整列もしておらず、ほとんど話を聞いていないありさまでした。中にはガムを噛んでいる生徒がいて、教員に注意を受けたところ、その教員の手にぺっと吐き出したのを見て、なんともいえない、悲しみのような感情を覚えました。

始業式後、2週間もしないうちに、教室の廊下側の窓のガラスは全て割られ、掲示板はカッターで切り刻まれ、その下地となっているベニヤ板も蹴破られて、穴だらけの状態でした。図書室や、空き教室、西側階段のトイレも破壊されることを理由に厚いベニヤ板と大きなボルトで封鎖されていました。天井は穴だらけでした。また、3年生の教室では、黒板のチョーク入れを空けたら灰皿と化していたこともありました。

私が4階で1年生の授業をしていたところ、2年生が外側から校舎の雨どいを伝って上がってきて、教室に窓から入ってくるということもありました。とにかくすごい学校でした。

この学校では、1年生の担任となりました。同じ学年のメンバーは、私以外、昨年3年生を送り出した先生方でした。私は赴任してすぐに「生徒指導をまかせてほしい」とお願いしました。

私は、入学式の翌日の1年生の学年集会でこういう話をしっかりと分かってほしいということだ。

「君たちにメッセージが二つある。一つは、人として本当に大切なことをしっかりと分かってほしいということだ。この学校にはいろんな生徒がいて、中には怖い先輩もいるかもしれない。しかし先生がついているから心配するな。金髪や私服で登校する生徒もいるが、それは大きな問題ではない。今後みんなの中に、私も金髪にしたいという者がいたとすれば、やりたければやってもかまわない。とにかく忘れてはいけないのは命を大切にすること、人権を守ること、犯罪をしないことだ。絶対に忘れるな。

もう一つは、信用を得ることだ。信用を得るためには時間がかかる。信用は行動の積み重ねでしか得ることはできない。勉強ができなくてもいい。スポーツも苦手でいい。信用を得るために全員に特に努力してほしいことは、掃除だ。掃除は誰にでもできるが、ただ真面目にやればよいということではない。しっかりと汗をかくくらいやってほしい。そのことはみんなが思うほど簡単なことではない。でも、これをしっかり続けていけば、信用が何かということが必ず分かるはずだ。掃除を通じて学校をピカピカにしよう」

信用を得るということは、山形で教員をしていた頃からずっと言ってきたことです。掃除が信用を得るための基本的な教育であることは山形の教員生活ですでに確信となっていました。この学校の荒れ果てた現状を見て、すぐに頭に浮かんだのがこのことでした。当時、この学校では教員も生徒も保護者も、みんな現状を誰かのせいにしていました。生徒も教員も汗をかいて全員で少しずつ学校をきれいにしていくことで、きっといつか全員が当事者になる。私はそう考えました。

学年の先生方には年度当初の学年会で2つの基本方針として、生徒に話したのと同じように、①指導にはメリハリをつける。命や人権に関わることとそうでないことには差を付けて指導をしましょう。②子どもたちを複眼で見ましょう。悪い情報を共有するのではなく、子どものよいところを見つけてその情報共有をしましょう、と提案し、同じ姿勢で生活指導をしていくことを確認しました。

荒れ果てた学校の状況や、金髪や私服で校内を土足で闊歩する生徒たちの状況を私はありのままに受け入れることができました。もちろんおどろきはしましたが、荒れている学校も、落ち着いている学校もやることは同じです。淡々と、課題を解決していくだけだと覚悟していました。

私は、生徒たちと信頼関係を築くべく、対話を心掛けました。
「何があっても、僕は君たちのことを嫌いにはならない自信があるんだ。でも、もし君たちが犯罪行為をしたら、そのときは警察を呼ぶことになるかもしれないよ。命に関わること、人権に関わること、犯罪はダメだ。これだけは覚えておいてほしい」

しばらくすると、2、3年生の間にも「どうやら工藤は違うらしい」との評判が、飛び交うようになっていったようです。きっと、多くの先生方が陰で支援してくれて、私が生徒たちに向き合っていることを話してくれていたのだと思います。多くの先生たちに助けられました。

ある日、こんなことがありました。
私が授業をしていると、外からものすごい音がするのです。見ると、廊下でサッカーをしている生徒たちがいました。あまりにも騒々しいので、私は「邪魔をするな。こっちは真剣に授業をしているんだ！」と叫び、彼らに、教室の中に入るように言い、そこで説教をしました。あまりにうるさかったので、「邪魔をするくらいなら、そこにある漫画でも読んでいろ！」（と、言ったのは後にも先にもそのときだけです。そうは言ってみたものの、その発言が妙に面白く、心の中でこっそり笑っていました）と言って授業を再開したところ、リーダー格の生徒が、何人かの友達を引き連れて、教室前方の空いている席にドンと座り、授業を受け始めたのです。

せっかく聞いてくれているので、面白い授業をして気持ちを引き付けたいと思い、彼らに対しても一生懸命授業をしたところ、その時間中、最後まで身を乗り出して聞いてくれました。

その日以降、彼らはほぼ毎回、私の授業にやって来て、一番前の席で授業を受けるようになりました。しかし、自分の授業を抜け出して、私のところに来るのですから変な話で、それを誰も注意しなかったというのは、今考えれば、ずいぶんおかしな学校だったと思いますし、ある意味柔軟な対応ということであったということでしょう（笑）。

前述しましたが、掃除は誰にでもできるという話を学年全体にしたことには、大きなねらいがありました。新しく入ってきた1年生とともに、彼らが卒業する頃には、この学校を本当にピカピカにしてやろうと思っていました。大掃除では、汚れた床や壁をみんなで全力で掃除しました。普通のスポンジブラシの固い面などを使って生徒たちと床をこすったりしていたのですが、長年のガムの食べかすやたばこの焼けた跡などもあり、少しこすったくらいでは、ぜんぜんきれいにならなかったのですが、それでも10分もこすっていると、床が白くなってきます。

こうなると、普段、悪ぶっている生徒も夢中になって、掃除をし始めます。「先生、床がきれいでしょ！」といって、汗だくになりながら、どんどん掃除を続けていきました。実際、この学年が上がっていくにしたがって、校舎もどんどんきれいになっていったのです。自分たちできれいにしたものは、子どもたちは壊さないし、汚さないのです。ペンキの塗り方もみんなで習いました。壁をペンキで塗り替え、穴の開いた掲示板の板を張り替え、壁紙を張り直したりしながら、学校は見違えるほどきれいになっていきました。その変化に訪れた保護者は以前との違いに目を丸くしていました。

学校は次第に変容し、私が受け持った1年生が最上級生になった3年目の春には、つまり2年間で、すっかり普通の学校として落ち着きを取り戻していました。その春休みには、封鎖されていた図書室、空き教室、トイレなどを何年かぶりに開放し、生徒たちと共に模様替えをしました。たばこの吸い殻も消え、窓にはガラスが戻りました。

私が赴任した1年目には、こんなこともありました。

あまりにも暴力行為や恐喝がひどいので、臨時保護者会を開きたいと校長に申し出て、保護者に学校に来てもらったことがありました。学年の先生と生徒指導担当の先生が一緒に来てくれました。

保護者からは罵声も浴びせられましたが、私は、このままではこの学校は駄目だと話しました。内容は生徒に話したことと同じです。命と人権を大切にして犯罪はしてはいけない。お父さん、お母さんと一緒になって、生徒たちに向かい合いましょう、ということを話しました。当事者意識を持ってほしいという思いです。この学校は、お父さん、お母さんたちと作っていくということも話しました。


落ち着きを取り戻した3年目には、こんなこともありました。

受け持っていた3年生の生徒たちが、卒業生に翌日の夜中に呼び出されているという連絡が、前日の真夜中に私のところに入ったことがありました。これは行くしかないなと考え、関係する保護者に連絡をして、翌朝、臨時保護者会を開くこととなりました。話し合いの結果、呼び出された生徒たちの代わりに保護者と教員がその場に行って、卒業生をつかまえようということになりました。

夜の6時ごろだったでしょうか。いったん、学校に保護者が集まり、保護者の中には、地域の方に声を掛けてくれた人もいたようで、全員で50人くらいが集まりました。他学年の応援の先生たちも一緒に来てくれましたが、私を先頭にみんなで2、3列になって歩いて、その公園に向かいました（向かいながら、何かドラマみたいだな、こんなことってあるんだなと感動し、人ってすごいなと、不思議な気持ちに思ったことを覚えています）。それで、公園で卒業生が来るのを待っていたのですが、全然来ない。やっと1人来たところで、保護者の中には血の気の多い人もいたものですから、「仲間を全員呼べ」と話し、関係の卒業生全員を集めました。そして保護者全員で、今後、在校生を呼び出して恐喝しないことを約束させたのです。その迫力はなかなかのものでした。この日を境に、この学校で、代々長く続いてきた、先輩たちとの関係が終わったのです。

山形と東京での教員経験を通じ、私は実にさまざまな生徒や保護者たちと出会い、交流を重ねてきました。私は常に子どもたちに教員としてのあり方を教えてもらったとつくづく思います。

かつて騒動を起こしていた生徒の中には、その後、自らの生きる道を見つけ、社会の第一線で活躍するようになった人もいます。その中の一人は、史上最年少の26歳で東証マザーズ上場を果たしたアドウェイズの社長・岡村陽久君です。彼は、私が台東区の中学校にいた頃の教え子の1人です。岡村君と仲の良かった2人も含め、彼らは「規格外」の3人でした。あとの2人はここでは触れませんが、岡村君とは今も連絡を取り合っています。高校を中退し、訪問販売の仕事で揉まれた後、裸一貫から広告代理店を立ち上げた彼にとって、中学校とは何だったのだろうと思うことがあります。

私も無我夢中で取り組んでいたので、校長となった今の立場や経験から見れば、当時はかなり「でたらめ」なことをしていたような気もするのですが、いつか、その頃についても、彼らと語り合いたいと思っています。

今、世の中にはネガティブなニュースがあふれています。政治家の失言やスキャンダル、企業の不祥事、凶悪で卑劣な犯罪など。子どもたちのところにも、テレビやネット、スマホを通じて、そうした情報が日々流れ込んできます。

「世の中はろくなもんじゃない」「大人になんてなりたくない」と感じている子どもたちが多いのではないかと心配しています。

しかし、こうした報道は、実社会の一面を映し出しているにすぎないのも事実です。私たちの身の回りに目を向ければ、自分らしさを発揮しながら活躍するモデルとなる大人はたくさんいます。麹町中でも、そうした魅力的な大人に触れる機会をたくさん作るようにしています。

教育界では近年、子どもたちの「自己肯定感の向上」が課題として指摘されています。これは私の課題意識と共通するところなのですが、「自己肯定感」という言葉がやや硬くて難解で、一般の人には通じにくいものだと感じています。私はもっと分かりやすい言葉で、生徒たちに伝えたいと思い、本校の最上位目標を次のように設定しました。

すべての子どもたちが「世の中ってまんざらでもない！　大人って結構素敵だ！」と思える学校。

学校が掲げる目標としてはやや砕けた表現ですが、小難しい専門用語よりは、はるかにシンプルで分かりやすく、保護者の方々にも支持してもらっています。

そのためにも、私は子どもたちを自律させることが大切だと考えています。

何か課題に直面したとき、どうすれば解決できるかを自らの頭で考え、周囲を巻き込みながら解決へと導いていく。そうした力を養うためには、前提として「世の中ってまんざらでもない！　大人って結構素敵だ！」と思える環境づくりをしていくことが不可欠だと考えます。

「世の中はろくなもんじゃない！　大人なんてなりたくない」と考えているような人間は、自力で解決する姿勢を放棄し、誰かのせいにするからです。

子どもたちが自律し、「早く大人になりたい」と思うためには、私たち大人が子どもに手を掛けすぎず、自分で考え、判断、決定、行動させる機会を与えることが大切です。宿題や定期考査の全廃、固定担任制の廃止などは、そうした狙いの下で行いました。

子どもは、大人がきめ細やかに手を掛ければ掛けるほど自律できなくなることを、大人たちは今一度、全員で認識する必要があると考えます。

2　選択を狭くするほど、その先の選択肢は広がる

宿題や定期考査を全廃したと聞くと、学力を軽視しているような印象を受ける人もいるかもしれません。しかし、私は学力を軽視してはいませんし、本校においても生徒たちが自分に合った進路を選べるよう、最大限の支援をしています。

図1　麹町中の目指す生徒像と3つのコンピテンシー

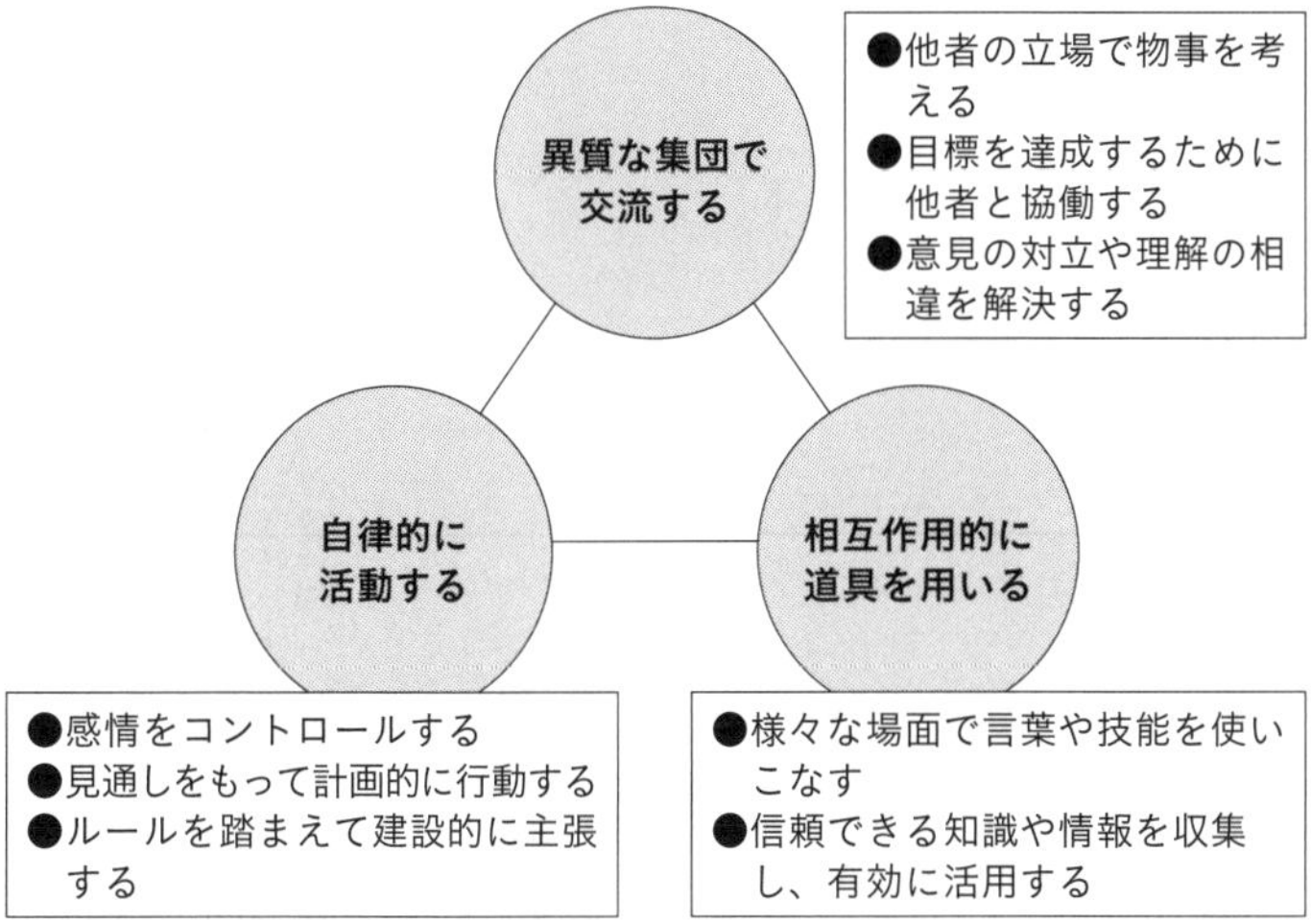

一方で、主要５教科を中心とした学力だけが、そのままこれからの社会で通用する尺度になるとは考えていません。対立を解決する力や感情をコントロールする力、見通しを持って行動する力、多くの人たちと共に問題解決をする力などが備わっていなければ、どこかで壁に阻まれるでしょう。

こうした非認知スキルを育てていくためには、それが身に付いたかどうかを測る「ものさし」が必要です。

私は前述した通り、ＯＥＣＤが「能力の定義と選択」（ＤｅＳｅＣｏ）プロジェクトの成果として示した３つのキー・コンピテンシー（望ましい行動特性）を活用しようと考えました。これを基に作成したのが、本校が「目指す生徒像」として示す計8つのコンピテンシーです。

図1の中で、主要5教科を中心とした学力は、右下の「相互作用的に道具を用いる」の部分に該当します。本校の「目指す生徒像」でいえば、「様々な場面で言葉や技能を使いこなす」「信頼できる知識や情報を収集し、有効に活用する」が、ここに当てはまります。

ここで注目すべきポイントは、「相互作用的に」という言葉です。知識・技能そのものに価値があるということよりも、対人、対社会の中で相互に使う力が問われているという点です。新しい学習指導要領で、アクティブラーニングが取り上げられている理由もここにあります。

また、「異質な集団で交流する」や「自律的に活動する」などの力は、一方通行の講義形式の授業だけでは身に付けることができません。そのため、本校ではさまざまな実践を展開してきました。

第3章で紹介した「クエストエデュケーション」や「スキルアップ宿泊」は、「異質な集団で交流する」力を高めるための実践ですし、手帳によるスケジュール管理や宿題・定期考査の全廃は「自律的に活動する」力を高めるための学びです。

例えば、17歳以下の小中高生等を対象とした「未踏ジュニア」というコンテストがあります。各界で活躍する専門家の指導の下、子どもたちがハードウェア・ソフトウェアの開発等に取り組むコンテストで、独創的なアイデア、卓越した技術を持つクリエイターを発掘・育成するために行われています。学校は、そうしたキャリアも視野に入れながら、学習指導や進路指導に当たるべきでしょう。

「未踏ジュニア」は、一例に過ぎません。似たような進路は、IT分野に限らず、あらゆる分野に広がっています。パティシエや、寿司職人を目指すにせよ、建築家やデザイナーを目指すにせよ、一芸に秀でたスペシャリストを目指すことは、その後の自分の人生に大きな影響を与えます。もし、その後に挫折し、別の道に進んだとしても、その経験は決して無駄にはならず、その先の可能性は無限大に広がっていくということを、特に成功した大人は知っています。

現代社会においては、特定分野の技能を磨き続けることが、その人の可能性を広げることにつながるのです。ちょっと変な言い方かもしれませんが、自分の進路は狭めていけばいくほど、その後の進路は広がると思います。

3 学校の「当たり前」を疑う

教員と同様に、校長や副校長（教頭）などにも自律は求められます。数々の法令があることが前提としても、管理職が自律的に学校マネジメントをすれば、公立学校は大きく変わり得る可能性を持っています。

変革を阻んでいるのは、「法律」「制度」よりも「人」だと私は考えています。不条理・非効率的な状況があるにもかかわらず、何ら疑問を持たずに前例を踏襲するような教育関係者は少なくないのではないでしょうか。

まずは「学校の当たり前」を疑うところから、始めるべきです。

例えば、学校の教室には、黒板とチョークがあり、教卓と児童生徒の机と椅子がありまず。こうした環境も、「当たり前」で誰も疑問を持たないのですが、現代社会において果たして最適なのかどうか。子どもたちに必要な力を養っていく上で、もっと適切な環境があるのではないか。そんな疑問を常に持ち続けるべきです。

とはいえ、黒板にチョークを使って授業する現状のスタイルを変えるのは、容易ではありません。コストの問題以上に、多くの教員がそのスタイルに慣れており、その形に固執していたからです。ある教育関係者は、「これは100年以上続いてきたスタイル。この先、100年経っても変わらないだろう」と話していたのを聞いたことがあります。

しかし、やり方次第で、そうした「当たり前」も覆すことはできます。

実際、私は新宿区教育委員会の指導課長として、区内40の全小中学校の全教室の黒板を撤去し、ホワイトボードとICT環境を導入しました。その前に勤めていた目黒中央中学校において導入し、成果を上げていた仕組みを新宿区でも導入したいと考えたのです。

導入に際しては、内部で十分な意見統一ができていなかったため、当初は当然、反対もありました。しかし、魅力的で分かりやすい授業を実現するためには、新しい教室環境を整えるべきだとの確信が私にはありました。そのため、各方面と対話を重ね、その必要性を訴えていきました。

あるとき、すべての教職員組合の代表者が、年度当初の教育委員会との話し合いにやってきました。組合は、さまざまな要求とともにICT環境の導入によって教員の負担が増えるのではないかという懸念があるといって批判的に話しました。そこで、私はICT導入の意義と期待される成果を丁寧に説明しましたが、理解は得られず終わりました。通常はこれで終了となり、担当としての義務は果たしたことになるのでしょうが、私は彼らを引き止めました。

「ここで帰らないでください。もっと話をしましょう。どうしたら、子どもたちのためになるのか。ＩＣＴ環境の導入を成功させるためにも、一緒にやりませんか。組合と区教委が同じ目標を目指して協力し合う。そんな取り組みをしませんか」

教職員組合の代表者たちは、一様に驚いた様子でしたが、何人かが残ってくれて、別室で説明を聞いてくれました。その後も話し合いを続けて、気が付けば数時間が経っていました。私はＩＣＴ化の意義やねらいについて、教員にとってよい環境がなければ、どんな環境を入れたって使われなくなる。ＩＣＴが得意な先生も、得意ではない先生も誰にとっても使いやすい仕組みであれば、絶対によいものが入れられるはずだと話しました。

ＩＣＴに切り替えるに当たって、私が意識したのは「使いやすさ」と「管理のしやすさ」でした。どんな便利な物も、利用する側が「使いにくい」「難しい」などと思ってしまえば、使ってはもらえないものです。これほどまでにスマートフォンが世に普及したのは、誰にでも感覚的に使えて、特別なメンテナンスもいらないからではないでしょうか。

当時、文部科学省でも教室のＩＣＴ化を推進していましたが、その構成は電子黒板をメインに据えたものでした。電子黒板は非常に高機能ですが、多くの教員にとって、使いこなすのが難しいものです。加えて教室の隅に置いておくとスペースを占有して、それでは、と別の場所に置いておき、授業ごとに運んでくるとなると、非常に手間がかかり、面倒なものでした。そうした理由もあって、何百万円もかけて導入したのにほとんど使われていないような状況が、全国各地の学校で散見されていたのです。

私は、新宿区の学校ICT化を推進するに当たり、ICTが得意な教員も得意ではない教員も、子どもたちも自発的に使いたくなるような環境づくりを意識しました。もちろん、予算も限られているので、コストを抑える必要もあります。私は最適な環境、最適な機器を探すため、さまざまな企業や学校を自らの足で回りました。最終的に、新宿区が独自に考案したICT教室環境を新宿区では区内に700以上ある全教室に導入することとなりました。ここに至るまでには、区および教委内部はもちろん、学校関係者そして多くの企業の方々が、ある意味、自らの利益にこだわることなく、親身になって力を貸してくださったことが大きかったと思います。何より常に強い気持ちをもって取り組んでくれた新宿のプロジェクトチームの仲間たちに感謝しています。

ICTを導入する際、活用方法などを事例として示すことも多いのですが、新宿区ではそうしたお手本的なものは、一切示しませんでした。というのも、教師は本来、教育の専門家であり、効果的な授業方法は、各々が考案するべきだと考えたからです。お仕着せの事例を与えて、それを真似させる行為は、教員の自律を奪う行為にほかならないと思います。

実際、新宿区では、このＩＣＴ環境を活用して、教員たちが次々と新しい授業方法を編み出していきました。今では、新宿区内の全小中学校で、短焦点型プロジェクタや実物投影機、パソコンなどを使った授業が、日常的に行われています。専門職である教員が自律的に動けば、「１００年経っても変わらない」と言われたスタイルも、変わることができるのです。

この教室環境が、未来永劫続くというわけではないとも思います。時代の変化とともに、常に見直し、改良を加え、イノベーションを起こしていく必要があります。大切なのは、「当たり前」に疑問を持ち、目的と手段の観点から、改善を図っていくことです。

4 真の民主主義社会を創るために

学校は何のためにあるのか、それは何度も確認してきた通り、社会でよりよく生きるために学ぶ場です。そして、社会には多様な人たちがいるので、感情をコントロールし、対話を重ねながら、納得できる目的を探り当てて手段を生み出す、その体験がとても大切です。これこそが、この社会をよりよい民主主義社会に成長させることにつながると考えます。

さまざまな考え方があれば、対立が起こります。民主主義社会において、この対立を解決するために作られるのがルール・法律です。もし、法が間違っているとするならば、適切な手続きで、変えていく必要があるでしょう。

学校における、体罰の問題を考えてみましょう。

日本では「体罰容認論」が根強くあります。テレビ番組などでも体罰の是非が論議されることがありますが、「多少ならば容認すべき」という意見は、全体の半分近くを占めるように感じます。

しかしながら、体罰は学校教育法において明確に禁止されています。体罰が「是か非か」は、議論になるはずがないものです。現状では法律で禁止されているのですから、いかなる理由があろうとも体罰は認められません。「愛の鞭だ」「保護者が認めているから」などと理由をつけて生徒に手を出す行為は、民主主義社会を否定していることになります。

私は体罰を認めていません。高校時代、実に理不尽な理由で、教員から体罰を受けたことがありました。今、思い起こせば、それは体罰というよりも、腹いせによる暴行と言った方が適当かもしれません。激しく殴られ、口の中が切れて、2週間近く、食事をするのもままならないほどでした。顔面にあざもできました。そうした原体験もあり、私は体罰が嫌いです。許せないものだと考えています。どんな状況になろうとも、生徒に手を上げるようなことだけはしないと心に誓ってきました。

しかし、その私でも、これまでの教員人生の中において本当に体罰がなかったと言い切ることはできません。強い言葉を発したり、強い圧力をかけたこともありました。そうしたことへの反省を込めて、ここで自分の考えを述べておきます。

民主主義社会とは何か――この問いに対し、多数決の原理を思い浮かべる人は多いでしょう。選挙で代表者を選ぶ仕組みは当然必要なものだと思いますが、選挙で多数派となれば、何をやっても許されるという話ではありません。多数決の原理と同時に、少数意見を尊重することが、民主主義社会の真の姿でしょう。

問題は、少数派の意見をどのように取り上げて、合意形成を図っていくかです。私たちは、このプロセスに慣れていないがゆえに、無駄に対立したり、議論がこじれて思わぬ方向へ行ってしまったりすることがあります。

対話を通じて、上位目的の合意形成を図るためには、一人ひとりにどのような資質が必要となってくるのか。「ルールを踏まえて建設的に主張する」「意見の対立や理解の相違を解決する」「感情をコントロールする」などの力を一人ひとりが高めていくことは、健全な市民性を育み、民主主義社会を築く上での土台となります。一見、極端に相反する考え方も、その1つか2つ上の目的を確認し合えば、同じ目的を目指していることが分かったりします。それを確認し合うことで冷静に議論ができるようになることもあります。この経験を積み重ねていけば、対立を恐れることなく、協働して何かを決めることができるようになります。民主主義社会の形成において、学校教育が果たす役割は大きいものがあると考えます。

現在、リーダー志向は弱まっている感があります。学校教育においても、校長・副校長を目指す人は減少傾向にあり、民間企業においても、マネージャーよりもプレイヤーを選ぶ人は多いと聞きます。

今、リーダーを目指す人が少ないことの背景には、「責任者」「当事者」として、矢面に立ちたくないという心理が働いているのかもしれません。

この点は、学校が児童生徒を「お客様扱い」し、自律する機会を持たせないまま、大人にしてしまったこれまでの教育のあり方を、本当に考え直さないといけないのかもしれません。

生徒会長、学年委員長、学級委員などを決める際、私はこれぞと思う何人かの生徒に声を掛けたことがあります。「君がやらないで誰がやる。リスクを負った経験を積み重ねてこそ、本物のリーダーになれる」などの話をしました。その後、大きく成長する彼らを眺めながら、私が発したその言葉は、私自身へのリーダーへの覚悟を迫る言葉となりました。

私が校長になろうと考えたのは、教育困難校で嵐のような日々を過ごしたことも影響したのかもしれません。難しいミッションと対峙する中で、一教員としてできることに限界を感じたことが多々ありました。問題を解決に導き、学校を良くしていくためには組織を動かすことが不可欠であり、そのためにはトップに立たねばならないと考えました。

5 新しい時代の学校教育のカタチ

学校が変わるために、今、何が必要なのでしょうか。

それは、教育の本質を取り戻すことです。あるいは、昔の学校を思い出すことです。何のために学校があるのか、作られた制度の中で考えるのではなく、生徒、保護者、教員が最上位の目的を忘れず、ぶれずに、ゼロベースで積み上げていくことです。

それは、計りしれないことではなく、身近な課題を解決するに当たって、対話を重視し、合意形成する経験によって達成し、その後の人生で、何度も繰り返し経験することです。

小さな改善が積み重なり、大きな変化となります。

草の根的活動が、自律的に始まり、いつか大きなうねりとなって、教育の本質的な改革が進むことを期待しています。そして、オセロの駒が、一気にひっくり返される日が必ず来ると信じています。

あとがき

私が今、思い描いている教育理念も人材育成論も組織論も、そのすべては、子どもたちと共に考え、学んできたものです。

子どもを目の前にして、悩み抜いた後に、自分でも思ってもいなかったような言葉がぽろっと出てくる。その言葉が、子どもたちの生き方を左右し、自分の生き方も左右する。そんな経験を何度もしてきました。

思いがけない言葉を自分に生み出させてくれた子どもたちに心から感謝しています。

私自身のことを正直に言えば、子ども時代はリーダーなんかになりたくありませんでした。できることなら2番がいいと思っていたほどです。そんな自分が「リーダーになること」の大切さを子どもたちに教えられました。

また、初任の頃、自分の身の回りの掃除ができておらず、書類が机の上に山積みになっていた私が、子どもたちを前にして、「整理整頓は、他者と共同して仕事をすることの基本である」ことや、「教室の床1枚を大切にすること」を心から言えるようになったのは、目の前の子どもたちのおかげでした。子どもたちがいなければ、私自身、経験できなかったことです。

第4章で触れた、荒れ果てていた中学校に入学してきた1年生が、3年生になって卒業式で読み上げてくれた代表2人の答辞があります。卒業生2人に連絡をして、ここに採録する許諾をもらいましたので、転載します。

「今日、3月19日、私たちは卒業の日を迎えました。入学してから、あっという間に3年間が過ぎました。この3年間は、私たちにとって、かけがえのない忘れられない3年間になりました。

入学したての頃は、不安や恐怖でおびえた日々を送った友達もたくさんいました。でも、私たちが困ったり悩んだりしたときは、必ず先生方が一緒になって考えてくださいました。休み時間もいつもそばにいて、一緒に遊んでくれたりもしました。先生方がどんなに私たちのことを考えて接してくれていたかが今、ものすごくよく分かります。

（中略）

私たちには誇れるものがいくつかありました。その一つは働くことです。特に、私たちの学年は、大掃除が大好きです。みんなで時間いっぱい、汗をかくぐらい働きました。夏休みや春休みには、先生方や主事さん方と一緒に、壁塗りや廊下の掲示板の修理をしました。

（中略）

二つ目は、自分の生き方をしっかりと見つめている人がたくさんいることです。そのきっかけとなったのは、一年の時に体験した職場訪問でした。様々な職場を訪ね、様々な人と出会ったことは、働くことの大変さ、働くことの喜びを私たちに教えてくれました。……自分の幸せは他人が決めるものではなく、自分の心で感じ取るものだということ。自分で選んだ進路は、その人にとって最高の道になること。これから高校に行ったり、社会に出たりする私たちにとって、とても大切なことを教わりました。人と一緒ではなく、自分なりの考えをもって進んでいる友達に、私は大人っぽさを感じました」（後略）

これに続けて、もう1人の代表生徒は、答辞の中でこんなことをスピーチしてくれました。

「この3年間で学んだことは、たくさんあります。それは人との付き合い方、信頼されるということ、そして、働くということです。

（中略）

この学年には、働くという精神を持った人がたくさんいたからこそ、実現したことが多いと思います。例えば、昼休みの校庭使用、図書室の開放、ボランティア活動は、この学年の働くという精神の強さが導いた結果だと思うのです。

在校生の皆さん、この中学校は普通の学校へと変わりつつあります。これは、一人ひとりの意識がしっかりしていたからだと思うのです。意識するかしないかで、学校は大きく変わってしまいます。だから、みなさんも目的意識はしっかり持ってください」（後略）

私はこれまで、さまざまな学校や教育委員会に勤務してきましたが、困難なことに直面するたびに、今こそ自分が成長するチャンスだと思って仕事をしてきました。どの職場においても分かったことは、世の中には本当にたくさんの素晴らしい人がいるということでした。

初めは「こんなこと、できないだろう」「無理だ」と思われていることでさえ、「子どものために何ができるか」から考えていけば、最終的にはそのほとんどが実現できることも分かりました。

生徒、保護者、教師、地域の方々、どんな立場の人であっても、学校をつくる当事者となることで、人として誰もが成長できる場が「学校」です。

「みんな違っていい」、そして「どの一人も大切にする」、この両立することが難しい2つの命題を大切にしながら対話を続けていくこと。そのことが、「よりよい学校」、「よりよい社会」を作ることにつながっていくことを、私自身何度も実感してきました。

そして今このときも、それができると感じているからこそ、私は教育の現場にいることを本当に幸せだと感じています。

麹町中の「当たり前」が、日本全国の学校の「当たり前」になってほしいと、心から願っています。今、読んでくださっているあなたの「当たり前」を見直して、新しい「当たり前」を探してほしい。そうすれば、学校はもっと生き生きとした、活気ある楽しい場所になると思います。

さらに、このことが世界中に広がっていくことがあれば、世界は平和になると本気で信じています。この現場に立っていると、純粋にそう思うのです。

多くの方に感謝しています。

初任の頃、教育の素敵さを教えてくれた山形の子どもたち、同僚の先生方。東京に来て、教員を辞めようかと悩んだときに、もう一度、教育を信じることを教えてくれた子どもたち、同僚の先生方。荒れ果てた学校に異動し、出口が見えないかもと不安が頭をよぎったとき、やっぱり人の力は偉大だと教えてくれた方々。もともと大嫌いだった教育委員会でさえ、入ってみれば素敵な人がいて、自分次第でいろんなことができると学びました。そして、麹町中での今、校長室を訪ねてくれる子どもたち、廊下で笑顔で温かく声を掛けてくれる子どもたち、毎日のように頻繁に校長室を訪ねて相談してくれる教員、保護者の方々、一人ひとりのお名前を挙げることはできませんが、心から感謝です。

最後に、山形の初任時代、松山中を去るときにくれた、一人の生徒の手紙を引用して終わりとします。

「はじめに」で書いた、学校の裏山でのすがすがしい思い出について、俳句（と本人は書いてくれたのですが、短歌かな）にしてくれました。

工藤先生、散歩はいいですねぇ。

先生、僕の一句。

「春風は、思いでのせてどこまでも。工藤先生、忘れはできぬ」

これが、僕の気持ちです。

いつまでも、生徒たちと、こんな付き合いをしていきたいなあと、心から思います。

平成30年12月吉日　　工藤勇一

【著者紹介】
工藤 勇一（くどう・ゆういち）
1960年山形県鶴岡市生まれ。東京理科大学理学部応用数学科卒。山形県公立中学校教員、東京都公立中学校教員、東京都教育委員会、目黒区教育委員会、新宿区教育委員会教育指導課長等を経て、2014年から千代田区立麹町中学校長。教育再生実行会議委員、経済産業省「未来の教室」とEd Tech研究会委員等、公職を歴任。本書が初の著作となる。

学校の「当たり前」をやめた。
――生徒も教師も変わる！　公立名門中学校長の改革

2018年12月25日　初版発行
2019年1月17日　第4刷発行

著　者：工藤　勇一
発行者：松永　努
発行所：株式会社時事通信出版局
発　売：株式会社時事通信社
〒104-8178　東京都中央区銀座 5-15-8
電話03（5565）2155　https://bookpub.jiji.com/

装丁　千葉哲彦（工業意匠事務所ティーシーディーエス）
DTP　株式会社明昌堂
制作協力　株式会社コンテクスト
カバー写真　大石剛
編集担当　坂本建一郎
印刷／製本　中央精版印刷株式会社

ISBN978-4-7887-1594-3　C0037　Printed in Japan